러시아를 알자!
러시아 &루스끼 [러시아인]

러시아를 알자

러시아 & 루스끼(러시아인)

초판 2쇄 발행 2018년 6월 18일

지은이 : 홍윤근
교정 / 편집 : 이수정 / 김보영
표지 디자인 : 김보영

펴낸이 : 서지만
펴낸곳 : 하이비전

신고번호 : 제 305-2013-000028호
신고일 : 2013년 9월 4일(최초 신고일 : 2002년 11월 7일)
주소 : 서울시 동대문구 하정로 47(정아빌딩 203호)
전화 : 02)929-9313
홈페이지 : hvs21.com
E-mail : hivi9313@naver.com

ISBN 979-11-89169-00-8 (03920)

값 : 12,000원

* 저자와 협의하여 인지첨부를 생략합니다.
* 잘못된 책은 바꾸어 드립니다.

러시아의 역사, 문화, 자연환경과 러시아인의 의식을 분석한

러시아를 알자!
러시아 & 루스끼 [러시아인]

홍윤근 지음

프롤로그

포부는 넓게, 계획은 알차게

한국의 젊은이들이여, 러시아를 알자! 방대한 땅덩어리, 무진장한 자원, 넓은 시베리아 벌판에서 젊은 날의 패기와 열정으로 끓어오르는 가슴을 녹이며, 마음껏 자신의 나래를 펼쳐보자!

우랄 산맥에서 불어오는 차디찬 공기가 콧구멍으로 들어올 때 젊은이의 뜨거운 가슴으로 따뜻한 입김을 루스끼(Русский: 러시아인)들에게 심어주자! 대한의 남아, 대한의 여아로써 만주벌판을 지나 우랄 산맥을 넘어 유라시아 대륙에 우뚝 서보고, 드네쁘르강을 따라 흑해로, 전설의 고향 바이칼로, 역사와 문화의 도시 빼째르부르그로, 툰드라로 뒤덮인 북시베리아까지 마음껏 종횡무진 달려보자!

가다가 지치면 쉬어가고, 넘어지면 다시 일어서서 젊음의 노래를 부르자! 과거 유신 독재정권에 맞서는 용기와 투지로 '농민가'를 부르며 '아침이슬'을 선창하자! 구한말 우리의 선조들이 만주를 개척하고, 일제치하 독립투사들의 투지를 기리며 즐겨 부르던 '선구자'를 합창하자! 세계로 뛰는 단군 자손의 기개와 자존심을 보여주자!

 사랑은 가까이에 있고 모험은 멀리 있다. 마음속에 있는 갈등을 씻어내자! 그리고 미지의 세계를 향하여 전진하자! 아리따운 여친과, 멋있는 남친과 함께 63빌딩, 롯데타워의 레스토랑에서 감미로운 음악을 들으며 사랑을 속삭이는 것도 가슴 두근거리는 추억이다. 허나 가까이에서 머물지 말자! 밀폐된 공간을 벗어나 세계무대에서, 세계의 젊은이들과 사랑을 나누자! 그들은 가슴을 열고 여러분들을 기다리고 있다. 여러분들의 지식, 따뜻한 가슴의 열기, 얼음처럼 냉정한 이성, 과감하게 끈질기게 밀어붙이는 투지를 그들은 학수고대하며 기다리고 있다.

 현재에 안주하며 살아갈 것인가? 우물 안 개구리처럼 대한민국의 좁은 땅에서 미래를 그리며 살아갈 것인가? 진정 또 다른 세계를 외면할 것인가? 아니다. 일어나자! 좀 춥다고 좀 힘들다고 외면하지 말자! 좁쌀도사가 되지 말고 몸소 부딪쳐 보자!

 더 넓은 세상을 찾아, 더 보람된 삶을 위해, 더 나은 미래를 향해 지도 한 장, 사전 한 권 들고 떠나보자. 좀 모자랄 때가 더 행복하며, 좀 어려울 때가 더 희망이 있다. 좀 약할 때에 남을 더 생각하자. 늘 자신만만함이 승리하는 것은 아니다. 때로는 바보처럼, 때로는 한발 물러서서 세상을 보자. 이 또한 남다른 풍족함을 맛볼 수 있을 것이다.

바로 젊기 때문에, 희망 가득한 미래가 있기 때문에 풀잎 하나, 구름 한 조각, 바람에 날리는 나뭇잎이 소중히 여겨지는 해지는 저녁 무렵에 당신은 비로소 자신의 강함을 느끼게 될 것이다.

개울물의 서(序)

　러시아 사람들과의 약속은 믿지를 말라! 그들에게 한 번 속지 두 번 이상은 속지 않는다. 도저히 상식으로 이해하지 못할 일이 러시아인들을 접하면서 자주 부딪치게 된다. 러시아에서 2~3년을 살면서도 정을 못 붙이고 빨리 떠나려고 하는 사람들, 말 못할 사연으로 속만 태우는 심정, 잘 살다가 도둑 한 번 맞고 공부도 사업도 싫다고 떠나가는 사람들, 참으로 희한한 일이 많이 벌어지고 있는 러시아에서 우리는 왜 그러한 일을 자주 당하고 있는가?

　필자 또한 그들로 인하여 씁쓸한 감정을 느낀 적이 한두 번이 아니다. 이러한 배신감을 좀 덜 맛보기 위해, 때로는 웃기고, 때로는 울게 하는 러시아인들 심리를 파악하기 위해 러시아인들의 행태, 습관, 생활양식, 사고방식, 전통, 성격과 특징의 역사적 사실을 파헤쳐 보았다.

　어떤 국가나 민족의 특징, 성질, 사람을 평가할 때 일반적 오류를 범하지 않기 위해서는 자신의 주관적 판단을 자제하여야 한다. 비록 느낀 점이라고 전제하더라도 이를 듣거나 읽는 사람은 그에 대한 고정관념이 쉽게 형성되기 때문이다. 특히 활자화된 어떤 사물이나 대상의 관념을 접하면 자연스럽게 접근하고 믿는 경향이 있기 때문이다. 따라서 필자 또한 많은 부분에서 감정을 절제하였다. 정확한 근거나 경험의 부족은 차지하고라도 가슴속, 마음속에서 듣고 본 것을 남기고 싶은 욕망이 강해지면 강해질수록 가치판단의 이중성에 대한 두려움 또한 떨칠 수 없었다.

작고 사소한 것이라도 오류를 범하지 않기 위해 많은 고민, 생각, 염려, 인내를 아끼지 않았다. 참고할 자료를 구하느라 애를 먹은 적도 있었고, 모르는 것은 여러 사람에게 자문을 구하기도 했다. 지식에 대한 욕심은 부끄러움이 아니라는 가정 하에서 오히려 상대방이 낯이 붉어질 정도로 물어보고 또 물어 보았다. 성격, 특징에 대한 올바른 접근방법이 무엇인가를 오랫동안 고민하였다.

맞바람에 몰아치는 차가운 겨울눈을 맞으면서…….

일상생활에서 나타나는 러시아인의 성격적 특성은 크게 몇 가지로 나누어 볼 수 있다. 즉 첫째 인내(долготерпение), 둘째 나태(лень), 셋째 선량(доброта), 넷째 자비(великодушие), 다섯째 배신행위(вероломство), 여섯째 약속파기(необязательность) 등이며 이외 손님 초대에 인색하지 않다는 것도 하나의 특성이라 할 수 있다.

지금까지 우리는 진정한 러시아인들의 마음, 습관, 양식을 모르고 단지 표출된 현상만으로 그들을 평가하였다. 이는 진정 우리의 실수가 아닌가 싶다. 우리도 자신의 기준에서 나를 이해해 주는 사람이 가장 고마우며 친근감을 느낄 것이다. 마찬가지로 우리도 그들의 생각과 관점, 과거 그들의 할아버지, 할머니들의 이야기들을 먼저 알고 난 후 그들의 행동 양식이나 사고방식을 평가할 때 진정 올바른 충고가 될 수 있으며 그들의 호감을 얻을 수 있을 것이다.

이 글을 엮으면서 많은 점을 느꼈다. 우선 러시아인들의 관습과 특징, 성격, 행동양식 등이 우리와 너무나 흡사한 것이 많았다. 한여름 밤 마당에 둘러앉아 모닥불을 피우고 밀 싸리를 해먹으면서 할아버지, 할머니들이 구수한 이야기를 들려주시던 모습을 러시아에서도 쉽게 접할 수 있다는 데서 이들의 의식과 행태가 우리와 너무나도 닮았다고 생각된다. 어쩌면 먼 옛날 그들과 우리는 한 조상, 한 고향, 한 민족이 아니었던가 착각이 들 정도였다.

이 글을 쓰는데 참고하도록 러시아인의 특성과 관련된 많은 자료를 제공해주고 충고를 아끼지 않은 나의 따뜻한 친구인 뻬쩨르부르그 사범대학 역사학 교수였던 프쉔코, 그의 아내 아냐, 당시 11살 소녀였으나 지금은 이미 시집갔을 그의 예쁜 딸 따냐와 사랑하는 나의 딸들 지현, 수현, 명현 그리고 늘 옆에서 나를 염려하며 조용한 내조와 함께 마음의 채찍질을 아끼지 않았던 나의 아내 허미숙 님에게 따뜻한 가슴으로의 감사를 드립니다.

홍울근

2018. 4. 30. 역삼동에서

◆CONTENTS◆

제1장 루스끼(러시아인)의 근원

1. 러시아 지리와 역사   16
   세계에서 가장 큰 나라   16
   러시아의 기원   18
2. 러시아 역사와 생활양식   23
   역사와 심벌   23
   러시아의 국가 심벌(symbol)   30
   루시의 생활양식   36

제2장 러시아인의 민족 특성과 이념

1. 러시아인의 민족 특성   64
2. 러시아 민족의 형성과 발전의 근본요소   68
3. 러시아 민족 성격의 근본특성   73
4. 러시아인의 이념   91
   러시아인의 이념을 구성하는 중요 요소   91
   러시아인의 이념 형성에 영향을 준 주요요인   94
   현대적 의미의 러시아인의 이념   95
5. 러시아인의 정치의식 및 성향   97

제3장 러시아의 문학과 예술

1. 문학과 예술에 대한 열정   104
2. 러시아의 예술   107
   황금의 호흐로마   107
   고로재츠(Городец)의 조각예술   109
   보고로드스끼의 장난감   110
   마뜨료쉬까   111
   도자기   112
   그젤의 담청색   114
   딤코프(дымков)의 장난감   116
   금속 및 석조가공 예술   117
   우랄의 자연석   117
   패도스끼노의 옻칠 세공품   118
   빨래흐의 보석함   120
   조스또프(Жостов)의 쟁반   123
   빠블로프(Павлов)의 스카프   125

제4장 루스끼(러시아인)의 생활관습

1. 연중 주요 행사   128
　생일날   128
　여성의 날   130
　새해와 성탄절   131
　입학식   132
2. 미신과 예감   134
3. 러시아인의 이름   139

제5장 러시아 현장체험

1. 공동주택(коммунальная квартира)과 아파트   158
2. 생존전략   165
     금전 문제   165
     안전 문제   166
     건강 문제   167
     길을 걸을 때   168
     쇼핑할 때   169
3. 3번 이상 부탁하자   170
4. 정에 약한 러시아인   174
5. 이범진 공사의 흔적   177
6. 고려인의 서러움   186
7. 극동의 진주 블라디보스톡의 추억   192

1장

루스끼(러시아인)의 근원

1. 러시아 지리와 역사
세계에서 가장 큰 나라
러시아의 기원
2. 러시아 역사와 생활양식
역사와 심벌
러시아의 국가 심벌(symbol)
루시의 생활양식

1. 러시아 지리와 역사

세계에서 가장 큰 나라

러시아는 세계에서 가장 큰 나라이다. 국가 면적은 17,100,000 km²로 유럽의 약 3분의 1을 차지하고 있으며 아시아의 3분의 2를 차지하고 있다. 러시아와 접경하고 있는 유럽의 많은 지역이 거대한 러시아 영토(동유럽 대평원, 카프카즈)로 둘러싸여 있다. 아시아에서는 우랄 지역이 서시베리아의 가장 넓은 평원이다.

러시아의 기온은 북극지방의 극심한 추위에서 남쪽 흑해연안의 따뜻한 날씨에 이르기까지 매우 다양하다. 예를 들면 러시아 동쪽 도시인 '오이먀콘'이나 '베르하얀스크'는 영하 68도까지 내려가나 남쪽도시인 '소치'는 영상 40도까지 올라간다.

러시아는 또한 강과 호수의 나라이다. 러시아에는 약 3백만 개의 강과 약 2백만 개의 호수가 있다. 또한 현재 러시아는 13개의 해협으로 둘러싸여 있다.

13개 해협으로는 1. 발트해, 2. 흑해, 3. 아조프해, 4. 카스피해, 5. 바렌츠해, 6. 백해, 7. 홍해, 8. 랍째프해, 9. 동시베리아해, 10. 추쿠치해, 11. 베링해, 12. 오호츠크해, 13. 동해가 있다. (구소련 시대 기준)

러시아에서 가장 긴 강은 아무르강으로 4,416km이며 래나강 4,400km, 오비강 4,338km, 이르티쉬강 4,298km, 볼가강 3,530km, 예니세이강 3,787km, 까뤼마강 2,129km, 까마강 1,805km, 피초라강 1,809km, 북드바나강 1,300km, 쿠반강 270km, 네바강 74km 등이 있다.

러시아에서 가장 유명한 호수는 단연 바이칼 호수로 시베리아 지역의 이르쿠츠크주와 부랴티야공화국 사이에 위치하고 있다. 이 호수는 세계에서 가장 깊은 호수로 깊이가 1,620m이며 전 세계 담수(淡水)의 20% 이상 물을 보유하고 있다.

또한 기후조건이 다양하여 러시아가 세계에서 토양과 동식물이 풍부하다. 러시아는 6개의 기후대로 분류되고 있다. 북쪽은 북극

지대로 최악의 기후조건으로 특정 지워지며 긴 겨울은 혹한이고 여름은 짧고 춥다. 러시아에서 가장 광대한 자연지대는 삼림지대이다. 삼림지대는 러시아 영토의 30% 이상을 차지하며 전(全)세계 삼림면적의 22%를 차지한다. 가장 광대한 삼림지역은 시베리아와 극동 타이가 지역이다. 이와 더불어 활엽수림이 적다는 것도 러시아 삼림의 장점 중에 하나이다.

이 '푸른 금'은 현재 러시아 경제의 중요한 역할을 하고 있다. 목재는 러시아 수출 품목에서 커다란 비중을 차지하고 있으며 이 거대한 삼림은 대기 중에 산소를 공급해주고 산업공해로부터 공기를 정화시켜주며, 땅의 침식을 막게 하고 습기를 보존시켜준다. 이런 이유로 다른 자연요소인 물, 공기와 마찬가지로 삼림은 국가의 보호 하에 엄격히 관리되고 있으며 이는 현재 러시아의 자연 보고(寶庫)로 간주되고 있다.

러시아의 기원

러시아의 영토와 국가적 발전은 러시아의 북서쪽과 중부지역의 많은 땅을 차지하게 된 고대 러시아 국가, 즉 키예프 루시로부터 시작되었다. 그 영토는 8C경에 이르러 서쪽으로 발틱해, 남쪽으로 흑해에서 북쪽으로 북빙양 연안까지 달하게 되었다.

1917년 10월 혁명 이후 구러시아 황제시대의 영토는 몇몇 자치공화국으로 형성되었으며 그 속에 러시아연방도 포함되었다. 1922년 이 자치 공화국과 러시아연방은 소비에트 사회주의연방공화국(СССР)으로 연합하였다. 1990년 6월 12일 이미 우리가 알고 있듯이 러시아(통상 러시아 연방을 러시아라 부름)는 독립국가로 구소련에서 분리되었다.

구소비에트연방과 달리 현재 우리가 일반적으로 '러시아'라 칭할 때 이는 러시아연방을 지칭하며 러시아연방 내에는 85개의 주, 자치공화국 등이 있다.

러시아의 어원을 역사학자들은 다음 몇 가지로 설명하고 있다. 여기에는 다음 4가지 이설(異說)이 있다.

첫 번째 설, '러시아 연대기(Повесть временных лет)'에서는 AD 862년 바랴크(노르만인)인들을 스칸디나비아 반도로 물리쳐 더 이상 공물을 바치지 않고 나라를 통치하였다고 전한다. (노보고르드 북·서 지방에 살았던 슬라브-핀란드 종족) 그러나 그들의 사회를 규율하는 법률이 없던 관계로 종족 간에 자주 싸움이 일어났다. 이에 그들은 "전에 자신들을 통치한 공후를 찾아가 법으로 심판하자"고 의견을 모아 바다 건너 뱌라크 즉 루시(Русь)에게로 갔다. 이들 뱌라크인(일반적으로 스밴, 쉬배드, 노르만, 앙그로 또는 로트란드라고 부름)들을 루시라 칭하게 되었다. 이들은 "우리의 영토는 넓고 기름지나 그 땅에 질서가 문란하니 루시 공후로 하여금 우리나라를 통치하도록 모셔오자"고 의견을 모았다. 이에 삼형제를 선출하여 루시 종족을 이끌고 슬라브에 도착, 노보고르드에 큰형 류리크(Рюрик)가 정착하고, 둘째 시니우스(Синиус)는 밸로제로(Белозеро)에, 셋째 뜨루보르(Трувор)는 이즈보르스크(Изборск)에 나라를 세웠다. 이리하여 러시아 영토는 이들 뱌랴크인들을 명칭한데서 루시라 칭하였다.

두 번째 설, 러시아의 저명한 작가인 기비리힌(В Гивилихин)이 주장했다. 그는 그의 논문에서 고대슬라브어로 강을 루사(Руса)라 부른 데서 러시아라는 단어의 어원이 시작한다고 했다. 이 고대 어원에서 루슬로(Русло: 河床), 루살끼(Русалки: 숲과 물의 요정), 루슬란(Руслан: 남자 이름)과 같은 현대어가 기원한다.

현재도 이를 연구하는 많은 사람들은 예외 없이 고대 슬라브인들의 이해를 위해 강에다 많은 관심을 두고 있다. 강은 러시아인 조상들의 모든 삶이 스며들어 있는 곳이다. 따라서 강을 주제로 한 많은 이야기, 노래, 시들이 있으며 슬라브인들은 또한 강에서 세례를 받았다. 이런 연유로 루사가 나왔으며 이것이 곧 강이고,

러시아인 조상의 정착지이며 루시는 고대슬라브인들의 뿌리이다. 루스(Рус)는 태고에 드네쁘르강 지역의 전설적인 신으로 루스(Русы)부족은 옛날부터 '강가에 사는 사람들', '강의 민족', '강의 주인'이라고 불렀다.

세 번째 설, 이 설도 매우 논리적이며 좀 더 개연성이 있다. 이 설은 '루시는 슬라브 종족의 본질이다'하는 데 요점을 두고 있다. 고대 루시족은 드네쁘르강 연안지역 어디엔가 거주하고 있었다. 뤼바코프 박사는 4C 중엽 즉 슬라브 민족의 이주시기에 최초로 그 기원을 찾을 수 있다고 기록했다. 역사학자들은 중부 드네쁘르강 연안지역에 사는 종족을 루시라 언급하였다. 이 종족의 명칭이 로스 혹은 루시로 고대로부터 존재하고 있었으며 게다가 비잔틴인들은 슬라브인들을 로스라고 불렀고, 9~11C경 아랍-페르시아 사가(史家)들은 루시라고 기록했다. 중세 러시아 문헌에는 이 두 가지 어원 - 예를 들면 '루시의 땅'과 '로스 법전' -이 모두 사용되었다. 오늘에 이르기까지 러시아인들이 그들의 나라를 러시아, 그리고 그들의 주민을 루스끼라고 부르는 연유가 바로 여기에 있다.

네 번째 설, 구미래프(Л. Гумилев)가 주장하고 있다. 그는 고대 게르만 종족 내에 루시가 있다고 보고 있다. 고대시대에 이 종족은 지금의 오스트리아 지역에 살았으며, 더 자세히 말해서 오스트리아 지역 내의 한 지방에 살았는데, 고트족(고대 게르만 민족의 하나)이 전쟁에서 승리하여 동쪽으로 이동, 3개의 도시를 점령하였다. 이들은 이 도시에 향후 전쟁 준비를 위해 방어도시를 세웠다. 이곳이 바로 꿀바(끼예프), 아르자니아(밸로오재르), 그리고 구 루시이다. 이들은 이웃나라들을 습격하거나 약탈하였으며 남자들은 살해하고 어린아이들은 포로로 잡아가고 여자들은 다른 나라로 팔아 종족생활을 영위하였다. 농촌에서 작은 부족으로 거주한 슬라브인들에게는 이들이 공포의 약탈자로 인식되었으며 이들을 방어하는 것은 그들에게는 정말로 어려웠다. 이 어려운 투쟁은 매우 오랜 기간 동안 계속되었으며 류리크가 러시아를 통치할 때까지 지속되었다.

2. 러시아 역사와 생활양식

역사와 심벌

슬라브인, 루시, 러시아

동(東)슬라브인들은 기원전 동유럽 남쪽지방에 거주한 고대 농경·목축 민족의 후손들이다. 기원 후 이들은 발틱해에서 흑해, 까르빠찌아산맥(карпатские горы)에서 오까(ока)강과 볼가강 상류지역에 이르기까지 거대한 영토를 차지하게 되었다.

러시아 역사는 크게 7단계로 구분할 수 있다.
- 원시 공동사회 시대
- 키예프 루시 시대: 9~12세기
- 따따르 몽골멍에 시대: 13~14세기
- 모스크바 루시 시대: 14~17세기
- 재정 러시아 시대: 18세기~1917년
- 소비에트 사회주의 연방공화국(USSR) 시대: 1917~1991년
- 러시아연방 시대: 1991. 11. 25~

수 세기에 걸쳐 동슬라브인들은 아시아로부터 이주해오는 유목

민들과 투쟁하였다. 4C 훈족(흉노족)이 슬라브인들을 공격하였고 그 후 투르크족(아바르: авар, 하자르: хозар)이 침입하였다. 이에 대해 슬라브인들도 도나우강 연안지역과 비잔틴 제국에 대해 자주 군사원정을 감행함으로써 그들은 이와 같이 방어전 및 공격전쟁을 위해 군사적 동맹을 결성하였다.

비잔틴(콘스탄티노플)의 황제 마브리키(маврикий: 586~602년)는 다음과 같이 언급하였다. '슬라브족과 안트족은 서로 비슷하며, 아무리 해도 그들은 비잔틴에 예속되거나 복종시킬 수가 없었고…, 슬라브족과 안트족은 다수로 인내와 끈기가 있으며 더위, 추위, 비에 쉽게 적응하며 양식이 부족하여…, 그들은 포로로 잡혔어도 노예가 되기를 거부하고…, 그들은 많은 양의 갖가지 곡식과 가축, 특히 수수와 밀을 보유하고 있었다. 또한 여자들의 절개는 인간적 본성을 능가할 정도로 대다수 여성들은 남편의 죽음을 자신의 그것으로 생각하고 평생 동안 과부로 살면서 자발적으로 자신을 억누르고 있다.'

캐사리(кесарий) 출신의 비잔틴 작가 프로꼬삐(прокопий)는 또 한 가지 중요한 슬라브인의 특성을 강조하였다. '이 종족 즉 슬라브족과 안트족은 한 사람도 통치하는 자가 없었으나 오래 전부터 민주적 정치로 나라를 운영하고 있기 때문에 그들에게는

인간의 삶에서 행복과 불행을 사회 공통적인 것으로 여기고 있다.'

6C 드네쁘르강 연안에 살던 슬라브 종족은 로시(рось) 혹은 루시(русь) 종족의 지휘 하에 통일되었다. 로시 또는 루시의 명칭은 몇 개의 설(說)이 있으나 그 중에 하나로 이 종족들이 흩어져 살고 있는 드네쁘르강 지류인 로시강에서 그 근원이 나왔다는 것이 지배적이다. 점차적으로 모든 슬라브인들은 이 루시 종족의 연맹에 가입하였으며 따라서 이들을 루시라 부르게 되었다. 이에 대한 기록은 『뽈랴네(поляне)는 이제 루시라 불리게 되었다』를 저술한 러시아의 연대기 작가인 네스또르(нестор: 1056~1114년)의 저서에서 확인할 수 있다. 그 후 끼예프(Киев)는 러시아 영토의 중심지가 되었다.

9C에 동슬라브인들이 최초로 고대 러시아 국가인 끼예프 루시를 건국하였다. 이는 거의 모든 동슬라브 종족을 통일한 강력한 국가로 발전시켰다. 첫 번째 루스끼의 공후 올레그(олег: 879~912년), 그 후 이고리(игорь: 912~945년), 이고리의 아내 올가(ольга: 945-964년), 그녀의 아들 스뱌또슬라브(святослав: 964~972년)로 왕위가 계승되었고 이들은 끼예프 루시를 강력한 국가로 만들었으며 모든 이웃국가, 심지어 비잔틴제국까지도

끼예프 루시를 두려워하였다. 끼예프 공국의 통치에서 명성을 얻은 공후들 가운데는 블라지미르 1세(владимир 1: 978~1015년), 야로스라프 무드르이(ярослав мудрый: 1019~1054년)와 블라지미르 모노마흐(владимир мономах: 1113~1125년)가 주목받고 있다.

이들은 루시로서 대부분의 러시아 땅을 통일한 현명하고 정열적이며 용감한 인물로 알려져 있다. 도시 끼예프는 융성하였으며 드네쁘르강 언덕 위에 세운 웅장하게 빛나는 끼예프 빼체르스까야 수도원(киево-печерская лавра)과 사원들, 끼예프의 훌륭한 도시건축기술은 10~11세기에 이곳을 방문한 모든 사람들을 깜짝 놀라게 하였다.

12C 중반에 루시는 몇몇 독립 공후국으로 분열되었다. 그들의 지방공국들은 때로는 분리되고, 때로는 통합하고자 노력하였으며 고대 루시국가가 붕괴할 무렵인 12C 중반까지 지속되었다. 그 결과 노보고르드 공국(новогордская земля), 블라지미르 수즈달리 공국(владимиро-суздльское княжество), 체르니고프 공국(черниговское княжество), 그리고 이 밖에 여러 공국들이 끼예프 루시로부터 분리되어 독립적 지방공국을 세웠다. 이들

공국의 공후들은 더 이상 끼예프에 복종하지 않고 스스로 자신들의 관할지역을 지배하였으며, 자신들의 친위대를 보유하고 법률을 제정하여 나라를 다스리며 다른 나라들과 외교관계를 수립하였다.

이 기간 동안 북·동쪽지방의 루시들은 아주 성공적으로 발전하였다. 주요도시는 수즈달리, 그 다음은 끌랴지마강 연안의 블라지미르였다. 이 지역은 넓고 비옥한 주인 없는 자유로운 땅들이 펼쳐져 있었으며 전(全) 러시아로부터 농민들과 수공업자들이 이 지역으로 이주해 왔다. 1132년에 블라지미르 모노마흐의 아들 유리 돌고루끼(1132~1157년)가 수즈달리 공국을 통치하게 되었다. 그는 수즈달리 공국의 국경지역을 따라 고대 루시의 성곽도시 [유리예프 폴스끼(юрьев-полский), 드미트로프(дмитров), 즈배니고르드(звенигород), 빼래야슬라블리-자래스끼(переяславль-залеский) 등] 를 건설하였다. 이런 점에서 현재 러시아의 수도인 모스크바의 창건도 유리 돌고루끼의 이름과 밀접한 관련이 있다. 러시아 역사에서 1147년은 모스크바 창건의 역사적인 해로 기록되고 있다. 1954년 모스크바 창건의 이 영웅에게 경의를 표하기 위해 모스크바에 유리 돌고루끼에게 바치는 장엄한 기념상을 건립하였으며, 1997년에는 모스크바 시민들과 전 러시아인들이 수도 창건 850주년을 기념하였다.

12C 말에서 13C 초 루시의 봉건 공국들은 높은 수준의 경제적·문화적 발전을 이룩하였다. 그러나 루시 영토의 헤게모니 쟁탈을 위한 공후들 간의 투쟁과 내분은 계속되었으며, 그 결과 이들 공국들은 몽골 칭기즈칸의 침입을 격퇴할 수 없었다. 러시아 역사에서 여러 번 그랬듯이 위협은 양쪽, 북서쪽으로부터는 스웨덴과 독일이 그리고 동쪽으로부터는 따따르 몽골에 의해 닥쳐왔다. 이때부터 러시아 영토의 발전과 형성에 있어서 길고 암울한 암흑기가 시작되었으며, 이는 거의 250년간이나 지속되었다.

14C 중엽부터 루시 땅의 통일운동이 시작되었으며, 특히 15C 모스크바 공국의 대공후 이반 3세 통치시대 때 모스크바를 중심으로 절정기를 맞았다. 이 시기에 루시 땅은 중앙집권적 단일 국가로 형성되었으며 모스크바가 중심도시가 되었다. 루시의 국가는 독립적으로 통치되었으며 국제관계도 눈에 띄게 확대되었다. 이반 3세는 전체 루시의 군주로 칭하여 졌고 루시의 국가는 처음으로 러시아(Россия)라는 명칭으로 바뀌어 불리어졌다. 이와 더불어 또 다른 정치적 사건으로 이반 3세는 비잔틴 제국의 마지막 황제의 조카 딸인 소피야 빨레올로그(София палеолог)와 결혼하

였는데 그의 이 결혼은 모스크바의 권위를 강화 시키는데 이용되었다. 즉 모스크바는 그리스정교의 중심지이자 비잔티움의 계승자로 선포되었다.

여기서 우리는 지금까지 고대 루시의 기원에서 '루시'와 '루시의 땅'과 같이 루시(Русь)라는 명칭만이 사용되었음을 알 수 있다. '러시아(Росия)', '러시아의(Росиский)'라는 용어는 15C부터 그 어원이 나타나 더 많이 사용되었지만 현재까지 그 출처가 확실하게 규명되지 않고 있다. 예를 들면, 몇몇 개의 옛날 동전에서 이반 3세와 바실리 3세는 '전체 러시아의 군주'라는 제명(題銘)으로 사용되었으며, 그 후 점차로 '러시아(Россия: 자음 с가 두 개임)'라는 명칭이 더 광범위하게 사용되기 시작했다.

16C 후반에 러시아가 중앙집권국가로 통일되면서 '러시아(Росия)와 러시아의(Росиский)'라는 단어는 완전히 확정된 의미로 일상생활에서 사용되었다. 즉 짜르 표도르(Федор)의 대관식에서 이미 대주교의 칭호와 나란히 '전체 러시아(Росия)'라고 불리었고 짜르 이반뇌제는 '위대한 러시아 전제군주'라 칭하게 되었다. 그러나 17C 초에 이르러 비로소 러시아의 문헌에 공식적으로 중앙집권적 통치와 더불어 러시아라는 개념이 등장하였다.

1장 루스끼(러시아인)의 근원   29

따라서 단어 러시아(Россия), 러시아의(россиский: 형용사)는 비록 16C에 걸쳐 루시(русь)와 루시의(русская)라는 단어가 계속 사용되었지만, 15C 후반에 최초로 출현하였다고 볼 수 있다. (처음에는 자음 c가 하나였으나 점차 자음 c가 두 개로 나타남.)

러시아의 국가 심벌(symbol)

18C 러시아의 유명한 역사가 까람진(Н. М. Карамзин)은 다음과 같이 기술했다. "훌륭한 조국을 가지고 있는 민족은 늘 자신의 선조들의 역사에 지대한 관심을 표명하고 있다."

러시아의 첫 번째 여(女) 황제인 예카쩨리나 1세의 대관식이 1724년 5월 7일 모스크바의 크레믈린 궁전 내 우스뺀스끼 사원에서 웅장한 의식 속에서 거행되었다. 안타깝게도 그 당시 예카쩨리나 1세가 쓴 왕관은 보존되지 않고 있다. 그러나 러시아 역사에서 첫 번째 왕관이 이미 뾰뜨르 대제시대에 존재했다는 사실에서 이는 실수였다고 생각된다. 왕관은 그 이전에 모스크바 공후의 왕비들에게도 있었다. '위대한'이란 칭호를 부여 받은 예카쩨리나 2세는 커다란 왕관을 쓰고 즉위하였다. 특별히 여황제의 대관식을 위해 1762년 프랑스에서 초빙해온 포지에(Позье)가 현재 크레믈린의 보석궁에 전시되고 있는 아주 희귀하고 아름다운 왕관을 세공하였다. 이 왕관은 특별히 인도에서 가지고 온 크고 작은 무수한 보석들로 세공되었다. 이 왕관의 세공을 위해 2,858캐럿의 4,936개의 보석이 사용되었으며 왕관의 전체 무게는 1,907그램이다. 1873년 이 왕관의 가격은 거의 1,000만 루블(금화)을 호가하였다.

역사에 의하면 1053년 비잔틴 제국의 황제 콘스탄틴 모노마흐가 러시아로 보낸 왕관이 고대 러시아의 왕관(모노마흐의 모자)으로 간주되고 있다.

스끼뻬트르(скипетр: 왕의 권표, 또는 왕의 홀(笏))은 또 다른 중요한 제왕의 권력의 징표이다.

왕의 홀, 구, 왕관

러시아 역사가들은 비잔틴 황제에게서 이 징표를 받은 블라지미르 1세(978~1015년) 때와 동시대에 이미 러시아에서 스끼빼트르, 재르자바(держава)와 왕관이 출현하였다고 추정하고 있다. 대개 왕관은 왕의 장식용으로 사용되나 스끼빼트르는 왕이 교회나 의회로 나갈 때 혹은 전투에 임할 때 들고 다녔다. 스끼빼트르는 왕비도 소유하고 있었다. 황제 빠벨 1세(1796~1801년)는 너무나 아름다운 스끼빼트르를 제작, 사용하였으며 그 이후 1917년 러시아의 마지막 황제인 니콜라이 2세 때까지 이 아름다운 예술작품을 사용하였다. 빠벨 1세의 스끼빼트르도 크레믈린의 보석궁에 전시되고 있으며 1770년대 초 금으로 제작되었다. 이의 윗부분은 유명한 보석인 '오를로프(орлов)'로 장식되어 있고, 그 아래로 검은 칠보를 입힌 쌍두 독수리가 위로 향하고 있으며 쌍두 독수리 가슴에는 기사 게오르기 포배도노새츠(Георгий Победоносец)가 새겨져 있다. 1865년 이 스끼빼트르는 240만 루블(은화)을 호가하였다.

재르자배[держава: 국가의 독립, 자치, 주권을 상징하는 것으로 십자가에 달린 황금의 구(求)]는 지구를 상징하며 정복 영토 내에서 황제의 주권을 의미했다. 처음에는 재르자바의 구(求) 내부가 텅 비어 있었지만 황제의 존엄을 위해 원형 구는 승리의 여신상으로 장식되었으나 후에 십자가로 대체되었다. 이 십자가는 지구상에 그리스도의 지배를 의미했으며 그로 인해 비잔틴 황제의 재르자바에는 십자가가 원형 구보다 훨씬 컸다.

러시아의 짜르는 17C 이후 각종의식에서 재르자바를 사용하였다. 현재 크레믈린의 무기고에는 다이아몬드, 루비, 사파이어로 장식된 짜르 알렉세이 미하일로비치(1645~1676년)의 재르자바가 보존되어 있다. 이 재르자바는 1662년 비잔틴의 보석공인 이반 유리예프에 의해 페르시아 양식으로 세공되었다. 전시품 중에는 다른 황제들의 재르자바들도 있는데 예카쩨리나 2세 때 만든 재르자바가 특히 흥미롭다. 무게는 861그람이고 구(求)의 둘레가 48cm이다.

러시아의 심벌 중에는 1698년 11월 30일 성(聖) 안드레이 빼르보즈반늬이 훈장도 그 중에 하나로 인식되고 있다. 이 훈장에 대한 규칙의 제정은 개혁군주인 뾰뜨르 1세가 직접 작성하였으며 1699년 3월 10일 귀족이자 해군대장이며 재상인 고로빈(Ф. Аю Головин)이 첫 번째 훈장 소유자가 되었다. 1703년 5월 10일 내바(Нева)강 하구에서 스웨덴과의 전쟁에서 승리를 거둔 후 뾰뜨르 1세 자신도 이 훈장을 그 자신에게 수여하였다. 뾰뜨르

1세 재위(在位) 시 이 훈장을 수여받은 사람은 40명 정도였다. 이후 훈장은 러시아 황제의 제복치장의 일부분으로 필수적으로 사용되었으며, 모든 황제들은 훈장으로 제복을 치장하였다. 현재 크레믈린의 보석궁에 전시되고 있는 성 안드레이 훈장은 높은 수준의 보석세공품으로 전문가들은 평가하고 있다.

지금까지 러시아의 황제의 권력의 상징인 4가지 심벌(왕관, 스끼빼트르, 재르자바, 성 안드레이 뻬르보즈반늬이 훈장)의 역사를 간략히 기술하였다. 여기에 더하여 국가의 상징으로 매우 중요하고 필수적인 심벌인 러시아의 문장(국장)과 국기에 대하여 알아보자.

러시아 국장(왕관, 스끼빼째르, 재르자바, 쌍두독수리)

구소련 국기(낫과 망치, 별)

문장(紋章)이란 단어는 러시아어로 유산 혹은 상속을 의미한다. 러시아의 문장인 쌍두독수리(비잔틴 제국의 문장)는 이반 3세(1462~1505년, 러시아 최초의 짜르, 이반 대제)가 비잔틴 제국의 후계자인 소피아와 결혼함으로써 왕위 계승자란 의미로 러시아에 도입되었다. 이반 3세의 칙서에서 이반 3세와 그의 조카인 폴로츠키 공작과 나란히 쌍두독수리 모습으로 나타난 1497년이 러시아 최초로 국가문장이 사용된 해로 간주되고 있다. 이후 쌍두독수리는 로마노프 왕가의 문장이라고도 불리고 있다.

러시아의 국기는 매우 복잡한 유래를 가지고 있다. 즉 동시대에 두 개의 군사적 깃발인 안드래브스끼 청·백색 깃발과 상업·무역용의 삼색기(흑·황·백)가 같이 사용되었다. 이 두 개의 깃발은 몇 세기에 걸쳐 서로 우선권을 내세웠다. 특히 19C말이에 대해 뜨거운 논쟁이 벌어졌다. 논쟁은 원로원과 황제의 감독 하에 진행되었으며, 한쪽은 뾰뜨르 대제의 칙령에 기록된 백·청·홍색 깃발을 주장하였고, 다른 한쪽은 1858년 문장의 색으로 결정된 흑·황·백색 깃발을 옹호하였다. 이는 당시 미해결 상태로 남아 있었으며, 1917년 사회주의 혁명 이후 낫과 망치가 그려진 붉은색 국기가 사용되었다. 그러나 이 논쟁은 빼래스트로이카 이후 옐친 대통령의 명령에 의해 최종적으로 해결되었으며, 그 결과 현재 러시아의 국기는 뾰뜨르 1세의 칙령에 의해 만들어진 백·청·홍의 삼색기로 확정되었다.

생각건대 개방 후 러시아에서는 소비에트 사회주의 시대의 심벌, 지명, 거리명 등 여러 가지 측면에서 많은 것들이 바뀌었으며 하물며 일상생활에서 조차 옛날의 전통적이고 역사적인 것으로 회귀하였고 지금도 회귀하고 있는 것을 볼 때, 과거 공산당 통치 약 70년 동안이 얼마나 허무했는가를 절실히 느끼게 한다.

루시의 생활양식

주요 생활 수단

오랜 세월 동안 루시들은 농경생활에 종사하였으며, 그 결과 이 분야에 탁월한 농경기술을 보유하게 되었다.

농사는 그들의 중요한 생활기반이며 쟁기는 농기구의 주된 도구였다. 최초로 '쟁기'라는 용어가 사용된 시기는 러시아 최초의 법전인 '루시의 법전(русская правда)'이 제정된 11C경이며 이 법전에 쟁기란 용어가 등장하고 있다.

두 가지 토양의 경작지, 즉 산림지대와 스텝지대에서 파종을 위해 땅을 개간한다는 것은 매우 어려운 작업이었으며, 이에 따라 자연히 모든 농경생활은 많은 제례의식을 수반하였다. 예를 들면 밭갈이는 사순절 제5주(성탄절 후 15~17주, 즉 4월 1일~17일 사이)부터 시작되었다. 작물의 수확을 위한 주요 도구로는 낫이 오랫동안 이용되었다.

이 외 좀 적은 수이기는 하지만 목축업에도 종사하였으며, 강변, 호수 및 해안지역에서는 어로도 주요생활 수단이었다. 어로도구로는 낚시, 그물, 작살 등이 사용되었다. 나중에 오락으로 바뀌긴 했지만 사냥도 빠질 수 없는 루시의 생계수단이며, 양봉은 오래 전부터 내려온 루시의 전통적 가업이었다. 벌집통은 시골에서 가장 높은 곳에 설치하였고 벌집을 발견한 사람은 대단히 운 좋은 사람으로 여겨졌으며, 이러한 전통은 러시아에서 지금까지 내려오고 있다. 숲속이나 들판에서 생산한 꿀은 특히 유명하며 옛날 농촌에서는 꿀로 포도주를 빚었으며 음료수를 만들어 아픈 사람들에게 약으로도 사용하였다.

식생활

러시아 사람들은 음식에 많은 의미를 부여하고 있다. 이에 대한 속담으로 다음과 같은 것들이 있다.

"요리는 입으로 하는 것이 아니라 손으로 한다."
"빵과 끄바스(러시아 전통 청량음료)만 있으면 더 이상 바랄 것이 없다."
"식탁 위의 빵 한 조각은 임금의 자리보다 낫다."

따라서 러시아인들은 손님을 초대하는 것을 좋아하고 손님을 잘 대접하며 손님을 위해 푸짐하고 맛있는 음식을 기꺼이 준비하여 손님을 기쁘게 한다. 옛날에는 빵이 곧 삶이라고 불렀다. 러시아인들은 특히 흰빵보다 호밀로 만든 흑빵을 선호한다. 많은 종류의 빵, 만두 및 블린(일종의 빈대떡 같은 케이크)이 각 가정의 식탁 위에 놓이며 사람들의 삶은 신선한 빵 냄새로 가득 차 있다.

또한 러시아인들은 삶는 것, 굽는 것, 말리는 것, 찌는 것 등 여러 가지 요리방식을 이용한다. 이 외에 일 년 내내 야채와 과일을 생산할 정도로 양호하지는 않지만 야채와 과일을 즐겨 먹으며 고기와 생선을 좋아한다. 감자는 좀 늦게 러시아에 전래되었지만 러시아인들에게는 제2의 빵이다. 현재 감자로 만드는 요리가 약 80종류에 이를 만큼 유명하다. 이러한 음식은 수프, 죽, 생선, 염장 및 훈제와 같이 광범위하게 확산되어 있다. 음료수는 끄바스와 맥주를 무엇보다 많이 마신다. 러시아인들은 옛날부터 술과 꿀물을 좋아했으며 집안 대소사 때에 빠지지 않는 중요 음식이다. 이와 더불어 사과, 배, 딸기, 버찌 등의 여러 가지 주스를 애용하고 있다.

17C 중엽 짜르 알렉세이 미하일로비치(1645~1676년)시대에서 현재까지 러시아인들이 즐겨 마시는 차는 몽골로부터 들어와서 기반을 내렸다. 열악한 기후 및 식수 사정으로 러시아인들에게 차는 필수적이며 분홍바늘꽃, 순형과 초목, 보리수꽃, 딸기와 구즈베리 잎 등 특히 잎차를 애호한다.

이에 반해 알콜 음료는 러시아에 그리 보급되지 않았다. 예를 들면 보드까는 짜르 이반뇌제(1547~1584년)시대 때 영국에서 유래되었다. 이외 러시아인들은 좋은 술자리에서 취하지 않고 흥겹게 노는 것을 좋아한다. 비슷한 예로 러시아의 고대 서사시에 대공후의 주연에 관한 기록을 보면 그 당시 대공은 술을 양동이로 마셨으나 정신을 잃지 않고 다른 사람들을 제압하였다고 적고 있다.

교통수단

고대 루시 시대에 주요 견인력으로 말이 이용되었다. 루시의 연대기에 이에 관해 잘 서술하고 있다. 대공후 블라지미르 모노마흐는 1103년 공후의 집회에서 루시의 농사일에 관해 다음과 같이 언급하였다.

"루시의 농부들은 봄에 말을 이용하여 밭갈이를 하지만 뽈로베쯔인(터키족의 유목민)들은 루시의 부락을 침입, 말을 약탈해 가고 있다."

또한 고대 루시의 서사시에 나오는 영웅 일리야 무로매츠(Илья Муромец)는 으슥한 숲속으로 말을 타고 끼에프로 잠입하였다고 한다.

교통수단으로 처음에는 썰매를 이용하였으나 그 후 차츰 마차를 이용하였다. 광활한 땅, 극심한 추위로 썰매가 생활용품으로 음식물 및 우편물 등을 운반하는 데 이용되었으며, 여름에는 마차를 이용하였다. 러시아어에는 우편업무와 관련한 특별한 어휘(몽골어)가 나타나고 있다. 단어 마부(ямщик: 얌쉬크)는 그 대표적 예로, 어휘 야마(ЯМА: 구멍)의 최초의 의미는 말을 교환하고 하룻밤 숙영하는 장소(역마소)를 나타냈으나, 그 후 이 단어는 대로(大路)변에 위치한 부락의 명칭으로 바뀌게 되었다. 그 예로 모스크바 근교에 야몬토프(Ямонтов)라는 마을이 있다.

과거 러시아인들은 강이나 호숫가에 도시를 세웠다. 그들은 용감한 뱃사람이었으며, 고대 역사가에 의하면 벌써 6C에 슬라브인들은 지중해의 크레타 섬, 스칸디나비아 반도 주위, 발틱해, 백해와 오호쯔크해까지 항해하였다고 한다. 그들은 뗏목, 나룻배, 통나무 등도 잘 다루었다.

북유럽과 시베리아에서 아주 오래 전부터 유명한 스키는 특별한 교통수단이라고 할 수 있다. 스포츠라는 용어를 알지 못했지만 러시아인들의 선조들은 훌륭한 운동가이었으며 스키로 먼 거리를 왕래하였다. 스키의 길이는 보통 150~165cm이며 넓이는 최대 20cm까지 있다.

의복과 신발

혹한의 추위와 격심한 계절의 변화로 (심지어 7, 8월에도 영하로 떨어질 때가 있음) 의복과 신발은 중요한 역할을 하였다. 고대에는 나무껍질이나 짐승가죽을 가공·염색하여 의복이나 신발을 만들었다. 섬유의 가공은 좀 늦게 나타났다. 전통적 농업식물인 대마와 아마에서 뽑은 실로 옷을 만들었으며, 이러한 작업은 숙련된 기술과 많은 인내를 요하는 것으로 어려서부터 기술을 배우고 익혔다. 농촌에서는 오늘날까지도 물레를 사용하는 것을 볼 수 있으며 또한 모스크바의 민속예술 박물관에는 19C의 물레, 수공예품 및 여러 가지 노동도구들이 전시되어 있다. 뜨개질도 특히 러시아 북쪽 지방에서는 매우 유명한 직업 중의 하나이다.

러시아인들은 실제로 인간의 생활에서 필요한 모든 것을 손수 만들어 사용했다고 해도 과언은 아닐 것이다. 즉, 나무로 컵, 숫가락, 물통, 상자, 책상, 걸상 등을 만들었으며 목도리, 혁대, 신발, 책상보, 장갑, 수건, 모자 등을 뜨개질하여 만들었고 금은실로 진주를 꿰어 의복을 치장하였다. 양과 염소 등 가축 혹은, 들짐승의 모피로 아주 어려운 작업과정을 통하여 멋지고 편한 의복과 신발을 만들었다.

러시아 사람들은 어떤 옷을 즐겨 입었을까?

이들은 무엇보다도 루바쉬까(рубашка: 넓은 상의)를 자주 입었다. 여성용은 남성용에 비해 그 길이가 조금 길다는 데 차이점이 있다. 루바쉬까의 종류는 다양하며 특히 여성용 루바쉬까는 많은 장식을 하였다. 겨울에는 그 위에 슈바(шуба: 털가죽 외투)를 입었다. 여자들은 반드시 치마를 입었다.

루바쉬까

북쪽지방에서는 전통적으로 싸라판(сарафан: 소매가 없는 긴 치마)을 착용하였으며, 겉옷으로 털외투를 걸쳤고 반드시 허리띠를 매었다. 머리에는 수건이나 털모자를 쓰고 다녔다.

싸라판

먼 길을 걸어서 다니기 위해서는 질기고 가볍고 편한 신발이 요구되었으며 그 결과, 주로 털 가죽신, 긴 털장화 등을 신었다. 후에 짚신이 등장하였으나 이는 가난한 사람들의 전용신발이었다. 피나무 껍질로 만든 짚신은 매우 질기고 편하며 샌달과 같은 모양으로 만들었다. 이외 널리 알려진 겨울용 신발로는 펠트로 만든 장화가 있다. 이는 옛날에 매우 귀중한 신발이며 지금도 농촌에서는 이를 애용하고 있다.

위생

"바냐(баня: 일종의 핀란드식 사우나)에서는 돈보다 배니크(веник: 자작나무잎 묶음으로 목욕할 때 바냐 내에서 온몸을 두드리며 마사지하는데 사용)가 더 중요하다."

현대를 살아가는 우리는 위생과 건강을 인류의 최후의 과제로 생각하고 있으며 건강유지, 청결한 주거생활은 현대적 의학의 발달과 함께 중요시 되고 있다. 그러나 러시아에서는 벌써 오래 전부터 일상생활의 많은 부분이 위생과 관련되었으며, 심지어 어떤 것은 오늘날의 위생관념을 능가하였다.

머리카락과 신체는 항상 중요한 관심사항으로 사회생활이나 가정에서 이 자체가 생활철학이며 정신적 규범으로 생각되었다. 이러한 생활규범을 규정한 몇 개의 규범서가 있다. 예를 들면 다마스트로이(Домострой: 16C 러시아 승려 실리배스트르가 지은 가훈집) 등이다. 러시아인들은 청결을 삶의 한 요소로 생각하고 육체적인 것보다는 오히려 더 큰 비중을 두었다. 다음과 같은 이야기들이 이를 뒷받침하고 있다. 즉 '집안에 불결한 원기가 침입할 수 있기 때문에 어떤 주부도 뚜껑이 열린 채로 물, 우유 등 음식을 보관하지 않았다. 또한 집안이 더러운 상태에서 손님을 대접하지 않았다.'

시베리아인들과 구교도들은 특히 청결한 생활을 영위하였다. 그들은 집안의 벽을 칠하고 마루가 반질반질할 때까지 바닥을 닦으며 깨끗한 양말을 신고 집안에서 생활했으며 식사 전에는 반드시 손을 씻고 성상(聖像)을 향해 성호를 그었다.

러시아인들의 삶에서 육체적·정신적으로 바냐(러시아식 사우나)는 건강을 위한 제1의 장소로 꼽힌다. 바냐는 비록 사도 안드레이 노보고로드스키(Андрей Новгородский)시대에 비잔틴으로부터 전래되었지만 10C부터 러시아에서 일반화되었다. 힘든 노동을 마치고 몸을 깨끗이 씻고 난 후에 바냐에 들어가 온몸과 뼛속까지 녹일 정도로 열을 가하여 목욕을 하였다. 바냐의 열기는 100~120°C이며 그 열기 속에서 자작나무나 참나무 잎으로 온몸을 두드렸다. 바냐는 보리수, 참나무, 소나무, 전나무 등의 나무로 만들었으며 대체로 강이나 호숫가에 세웠다. 러시아인들은 바냐를 만족과 휴식의 장소로 생각하였다. 그래서 다음과 같은 속담이 나왔다. '바냐와 마누라는 똑같은 즐거움을 준다.' 바냐는 일종의 진료소이며 모든 병을 고치는 장소이다. 경험상으로 두 가지 즉, 심장이 약하거나 골절을 당했을 때에는 절대 바냐에 들어가서는 안 된다. 옛날 러시아에서는 바냐에서 마사지를 하고 흡각(吸角)을 붙이며 아이도 낳았다고 한다.

외모

러시아인들의 외모에는 어떤 특징들이 있었는가?

옛날에 남자들은 턱수염과 콧수염을 평생 동안 깎지 않고 길렀으며 뾰뜨르 1세가 턱수염 삭발령을 내리기 전까지 이 관습은 지속되었다. 처녀들은 결혼 전까지 머리카락이나 종아리를 내보이지 않았다. 그러나 머리카락은 결혼식이나 상을 당했을 때만은 허용되었다. 빗은 필수적이었으며 얼굴과 몸의 화장은 풀로 만든 특별한 화장재료를 사용하였다. 또한 화장을 위해 빨간 무, 보드까, 붉은 종이, 먹 등을 이용하였으며 절인 오이와 갓 짜낸 따뜻한 우유로 몸을 씻었다. 8C 문헌에는 처녀들은 분을 바르고 연지로 화장을 하였다고 기록하고 있다.

주택

러시아 사람들은 풍부한 자연자원을 가지고 있으면서도 혹독한 자연 조건 하에서 생활하였다. 그 영토는 끝없는 삼림지대로 펼쳐져 있으며 가정생활과 매우 밀접한 관계가 있는 나무는 집을 짓는 주된 재료로 사용되었다. 나무는 쉽게 그리고 정교하게 다듬을 수가 있으며 열을 잘 보호한다. 때로는 통나무로 때로는 판자로 집을 지었으며 목수의 주요 연장은 톱, 도끼, 끌, 대패가 고작이었다. 러시아의 목수들은 탁월한 건축가라 할 수 있으며, 그들은 나무로 화려한 교회를 건축하였다. 그 예로 키지섬(뻬쩨르부르그시 북서쪽에 위치한 오네가 호수에 있는 섬)에 있는 22개의 지붕으로 된 교회는 목조건축물의 세계적 걸작이다.

상석(크라스늬이 우골) : 성모 마리아상

일반적으로 러시아의 농촌가옥은 두 가지 형태로 분류된다. 즉 남부 러시아나 우크라이나 지방의 농가는 방바닥과 지표면이 큰 차이가 없으나 북부 지방에는 지표면에서 3~5m 높이에 방바

닥이 위치하며 아래층은 주로 창고나 가축우리로 사용되었다.

러시아 가옥에는 곡식을 저장하는 창고, 현관, 난로가 필수적이며 난로는 집 중앙에 위치하여 방안을 따뜻하게 해주고 음식을 데우는 데 사용되었다. 이외 집 입구에는 계단을 꼭 만들었다.

집안에는 항상 성모 마리아 상을 모시는 신성한 상석(上席: красный угол)이 있었다. 그러나 1917년 사회주의 혁명 후 공산주의자들이 "종교는 인민의 아편이다"라고 종교를 부정하자 상석(上席)에 놓여있던 성모 마리아상은 모두 치워지고 바로 그 자리에 '위대한' 혁명가인 레닌의 사진이나 공산주의 선전책자들이 놓여지게 되었다. 신의 미움을 받았을까? 빼래스뜨로이까 이후 이 상석에 대한 자리다툼에서 레닌은 완패하였다.

집안의 가구는 간단하면서도 편리한 것 즉, 침대겸용 의자(러시아인들의 가정에 대부분 구비되어 있음), 책상, 벽옷장 등이며 이외 손수 나무로 만든 세간도구들을 구비하였다.

또한, 가옥 건축 시에는 많은 의식(일종의 미신)들을 수반하였다. 즉 집안의 복을 빌기 위해 정주(定住)를 하기 전날 밤에 반드시 짐승(고양이 등)을 풀어주며 땅에 돈을 묻거나 문 위에 제철(蹄鐵)을 걸어 놓았다.

가정의례 및 풍습

동서고금을 막론하고 국가의 근본인 가정에서 남녀의 역할, 자녀교육, 결혼, 생활풍습은 매우 중요한 의미를 가지고 있다. 특히, 러시아인들은 결혼식을 가장 중요하게 여기고 있다. 결혼은 주위의 많은 사람들에게 커다란 영향을 주며 여러 가지 의식을 수반한 복합적이고 종합적인 일종의 연극과 같았으며 결혼식의 근본목적은 공동체의 구성원들에게 인정을 받는 데 있다. 오늘날 가끔 결혼식 때 과다지출을 한다고 하지만 이는 러시아에서 다반사한 일이다. 19C 말엽 농촌의 결혼식 때는 보통 60~90리터 이상의 술(사마곤)을 준비해야만 했다.

아기의 출생에는 세 가지 의미 즉, 세상으로의 출현, 새로운 사회구성원으로서의 수용, 어머니로서의 재탄생이라는 특별한 의미를 부여하였다.

장례식은 복잡한 의식 하에 치루어졌으며 이러한 의식은 현재까지 변함없이 이어져 내려오고 있다. 예컨대 사자(死者)를 따뜻한 물로 깨끗이 씻기고 새 옷을 입힌 후 눈을 감긴다. 장례식은 통상적으로 교회에서 치루어지며 며칠 동안의 상(裳) 기간(가족들은 40일)이 설정된다. 장례 후(러시아 정교의 의식에 의하면 화장) 고인에 대한 작별의 행사가 진행된다. 고대에는 무술대회나 체육대회를 개최하여 고인을 추도하였다.

과거 러시아의 가정에서 남자(아버지, 할아버지)는 집안의 가장으로 가족구성원들은 그의 말에 절대적으로 복종하였으며 이러한 가부장적 권한은 철저하게 지켜져 왔다. 일반적으로 러시아 가정은 많은 아이들을 낳았으며 어머니는 어릴 때부터(5~6세) 모르는 사람의 가정에 딸을 보내 여자로서의 힘든 집안일을 배우도록 하였다. 결혼을 약속한 처녀들은 아예 장래의 시집에서 살면서 집안일을 도왔다. 아버지도 또한 아들에게 농사 짓는 법을 가르쳤다. 부모들은 선량하고 근면하며 사회에 필요한, 정신적인 인내와 더불어 육체적인 어려움을 견디어 내는 강인하며 자신의 운명에 순응하는 그런 인간이 되도록 자식들을 양육하였다.

집단의식

러시아인들의 일상생활에서 무엇보다도 노동에 대한 집단적·공동체적 의식은 아주 오래 전부터 형성되었다. 농촌의 작은 마을이나 소도시에서 구성원 전체가 하는 교회에 종을 세우는 일, 전염병에 대처하는 일 등 여러 가지가 있었다. 이러한 공동작업은 농촌생활의 특징이라 할 수 있으며 이에 대해서는 어떠한 노동의 대가나 접대를 받지 않았으며, 단지 불행이나 슬픔을 당한 사람들에게 위로의 도움을 베푸는 것이며 혹시나 그와 같은 일들이 자신에게 일어났을 때 그러한 도움을 받을 수 있다는 기대의 표시이다.

사회공동의 작업은 주로 축제일이나 일요일에 이루어졌다. 이러한 관행은 러시아인의 사회생활에서 널리 확산되어 있으며 자선을 베푼다는 독특한 관념이 내재되어 있다. 다 함께 밭에 거름을 내며, 다 함께 삼림을 벌채하고, 다 같이 집을 짓고, 뻬치카(집안에 설치된 벽난로)를 설치하고, 농작물을 수확하고 옷을 짜며 겨울을 대비하고 양배추를 수확하였다. 이렇게 하여 '양배추 모임'이라는 것이 생겨났다. 이외 사회적 교제방법의 형태로 밭에서 같이 일하는 사람들끼리 모이는 '한밭모임'이라든가, '정자모임', '밤의 모임', '춤의 모임' 같은 것들이 있었다.

특히 이러한 모임을 원무(圓舞)라 불렀다. 즉 이러한 모임에서 여러 가지 형태의 희극, 시, 음악과 함께 춤이 결합되어 매우 즐겁게 모임이 진행되었다. 바로 이러한 모임에서 애정가요가 싹틔워졌으며, 구전가요라든가 크리스마스 축가 등이 불리게 되었고 피리, 발라라이까(3현의 러시아 전통 기타), 아코디언과 같은 여러 가지 악기로 반주를 맞추었다.

이러한 가무와 놀이에서 권투, 그네, 썰매와 같은 것들이 생겨났으며 참석자들이 좋은 기분으로 놀 수 있도록 맛있는 음식과 음료수 등을 대접하였다. 러시아인들은 힘든 노동을 하는 반면에 많은 축제일을 즐기며 일 년에 최고 140일까지 휴식일을 가진다. 과거 이들의 선조들은 열심히 일하고 즐겁게 휴식을 취했다. 이와 같은 휴일에 대한 관념은 오늘날에도 이어지고 있으며 일례로 토요일이나 일요일이 공휴일과 겹치면 러시아정부는 어김없이 각료 의결을 거쳐 월요일을 휴무로 지정하고 있다. 참으로 국민들을 사랑하는 낭만 있는 결정이자 정책이 아닐 수 없다.

민중력

러시아는 수십 세기 동안 고대 로마인들이 전쟁의 신인 마르스(марс)의 이름을 따서 부르게 된 3월(марта)을 그해의 시작으로 삼았다. 세상 창조 후 7,000년(AD 1,492년)에 교회의 전통에 따라 매년의 시작을 공식적으로 9월 1일로 변경하였다. 그 후 약 200년이 지난 후 뾰뜨르 1세의 명령에 의해 새해의 시작을 1월 1일로 정하였다. 새해에 사람들은 침엽수(소나무, 전나무 등)의 나뭇가지로 집안을 장식하고 축포를 쏘며 불꽃놀이를 하였다.

1917년 10월 혁명 후 인민위원회의 법령에 따라 1918년 1월

25일부터 소비에트 러시아는 구력보다 13일이 빠른 새로운 형태의 달력(현재의 양력)으로 바꾸어 사용하였다.

고대 러시아의 월(月)의 명칭은 자연현상과 밀접한 관계가 있었다. 수백 년간 자연현상에 대한 관찰로 사람들은 절기의 변화를 예측할 수 있는 여러 가지 특징과 지식을 알게 되었다.

1월 - 벌목

가을, 겨울동안 구름 낀 날씨에서 점점 해가 길어지며 하늘이 맑아지게 된다. 러시아인들은 겨울에 벌목을 하며 새로운 밭을 일군다.

속담: "1월에 햇볕이 많으면 추위도 더 심해진다." "1월에 까마귀와 늑대가 결혼한다."

2월 - 눈, 추위

눈보라는 2월에 몰아친다. 2월은 야누스와 같은 달이다.

속담: "고드름이 길면 봄도 길다." "설화가 피면 따뜻해진다." "밤에 달이 붉은색을 띄면 바람, 따듯함, 눈이 예상된다."

3월 - 건조, 고드름, 해빙, 갈가마귀, 자작나무

눈과 비가 점점 적게 내리고 고드름이 녹으며, 양지바른 곳에는 얼음이 녹아 땅이 보이기 시작한다. 봄을 알리는 첫 번째 새인 갈가마귀가 날아오며, 자작나무 줄기에 물이 스며 오른다.

속담: "일 년의 아침이다" "2월은 눈보라가 심하지만 3월은 처마 밑으로 떨어지는 물방울 소리가 요란하다."

4월 - 눈, 범람, 꽃가루

자작나무에 푸른빛이 돌며, 눈이 그치고 새싹이 돋아난다. 4월은 대지를 푸른색으로 물들인다.

속담: "4월은 느림보를 싫어하고 빠른 사람을 좋아한다." "3월은 풀, 4월은 물이다." "4월은 눈 속에서 시작하지만 초록빛으로 끝난다."

5월 - 풀, 노래

실록의 계절이며 새들의 노랫소리가 높아진다.

속담: "5월 초가 따뜻하면 그해 후반이 춥다." "비가 온 후 무지개가 뜨면 더 이상 비가 안 온다." "5월에 딱정벌레가 많으면 가뭄이 예상된다." "자작나무 잎이 일찍 피면 그해 여름이 덥다." "새들이 양지에 둥지를 틀면 여름이 춥다."

6월 - 벌레, 색채, 성장

다채로운 색깔의 계절로 오곡이 무성하게 자란다. 귀뚜라미가 나온다. 6월은 여름의 시작이다.

속담: "6월은 색깔 수만큼이나 일이 많다." "여름에 하루 일하면 일 년을 먹는다." "저녁에 이슬이 많으면 다음날이 맑다." "꽃잎이 덮이면 비가 온다."

7월 - 보리수, 농사일

보리수나무에 꽃이 피고 여름 농사일이 시작된다. 7월은 여름의 절정이며 피곤함을 모르고 모든 일을 마무리 한다.

속담: "먹구름에 갈가마귀가 날아오르면 악천후가 예상된다." "새들이 모두 한쪽 방향으로 앉아 있으면 심한 바람이 분다." "모기가 많으면 좋은 날씨가 예상되고 파리가 설치면 비가 예상된다."

8월 - 노을, 번개, 수확

아침저녁으로 제법 쌀쌀해지며 새빨간 노을이 시작된다. 들판에서는 곡식을 수확한다. 8월은 여름의 황혼이다.

속담: "8월에 낮 끝은 뜨거워지고 물은 차가워진다." "8월에

겨울을 준비해야 한다."

9월 - 노랑, 바람, 흐림

나뭇잎이 노란색으로 물들고 바람이 불며 날씨가 좋지 않다. 짐승들이 짝을 짓기 시작하는 계절이며 일조량이 감소하고 해가 빨리 지기 시작한다.

속담: "여름이 흐리고 가을이 따뜻하면 긴 겨울이 도래한다." "참나무에 열매가 많이 열리면 엄동설한이다." "낙엽이 일제히 지고 새들이 일제히 월남하면 혹한이 예상된다." "가을에 모기가 출현하면 겨울이 따뜻하다." "전나무 아래 부분에 열매가 열리면 추위가 빨리 오고 윗부분에 열매가 열리면 추위가 늦게 온다." "마가목(Рябина) 열매가 풍작이면 비와 바람의 가을이다."

10월 - 낙엽, 진흙탕

낙엽과 진흙탕의 계절이다. 10월은 또한 결혼의 계절이다. 추수 후 부모들은 자식들을 출가 시킬 금전적 여유가 생긴다. 첫눈이 내린다.

속담: "성모절(聖母節: 구력 10월 1일)이 되면 딸을 시집보낼 수 있다." "성모님. 나무와 땅은 눈으로 덮어주고 저는 면사포를

쓰게 해주세요." "10월이 되면 햇볕과 이별하고 난로 가까이로 다가가라." "갈가마귀가 떼를 지어 돌아다니면서 울면 청명한 날씨가 예상된다." "수탉이 울면 비가 온다."

11월 - 추위, 초겨울

추위가 잦아지며 얼음이 언다. 땅이 얼어붙는다. 11월은 겨울의 문이다. 눈다운 눈은 밤에 내린다.

12월 - 혹한, 엄동설한

두꺼운 얼음이 언다. 겨울이 시작됐다.

속담: "12월은 일 년의 마지막이며 겨울의 시작이다." "12월이 되면 해가 길어지기 시작하고 강추위가 시작된다."

축제일(교회)

민중력(民衆曆)에서는 교회의 축제일이 특별한 역할을 하고 있다. 이들 축제일은 그리스정교적 의식에서 종교적 예배에 그 근본목적이 있지만 많은 부분이 오래 전부터 민중들 사이에서 발생한 종교 외적인 것이다.

교회력에는 예수 그리스도, 성모 마리아, 성상, 십자가 등과 관련된 이런저런 의식이 없는 날이 일 년 중에 하루도 없다. 이들을 기리기 위해 민간 전설에 기원을 둔 특별한 성가나 기도의 식이 진행된다.

러시아의 그리스정교 교회에서 축제의 으뜸으로는 단연 부활절로 좀 더 경건한 전체 교회의 축제일이다. 그 다음이 12제일(祭日)이다. 예수승천일, 성령강림제의 제1일, 버드나무 일요일 또한 축제일이다. 교회력에서 특별한 날로는 주현절(1월 6일), 봉헌절(2월 2일), 성모 수태고지제(3월 25일), 그리스도 변용제(8월 6일), 성모 강탄제(8월 15일), 성 십자가제(9월 14일), 성탄절(12월 25일)이 있다. * 러시아 구력은 서양력보다 13일 늦다.

사육제

사육제는 부활절 7주 전으로 보통 2월 말이나 3월 초에 행해진다. 이 시기가 가장 즐겁고 기분 좋은 때로 러시아인들의 진정한 축제일이다. 사육제는 겨울을 보내고 봄을 맞이하는 고대 슬라브 인들의 축제일과 관련이 있다.

사육제를 유희, 환영, 만위, 포식, 영락의 날이라고 불리어진다. 사육제 주간의 매요일은 종족사회의 특징이라 할 수 있는 독특한 명칭을 가지고 있다.

월요일 – 만남의 날

화요일 – 놀이의 날

수요일 – 폭음의 날

목요일 – 환영의 날

금요일 – 야회의 날

토요일 – 좌담의 날

일요일 – 용서의 날

교회는 이 민중들의 축제를 용납하고 있다. 러시아인들의 풍습 연구에 저명한 연구가인 막시모프(С. В. Масимов)는 이에 대해 다음과 같이 기술하였다.

'사육제는 단순히 축제일일 뿐만 아니라 가장 난잡한 시기라 할 수 있다. 이 기간 동안 검소하고 믿음직한 인민들은 허리를 펴고 지루한 생활의 어려움과 모든 근심걱정을 태워 버리고 쾌락의 늪으로 빠져 들고자 한다.'

사육제 기간 동안은 빈대떡, 맥주, 가면무도회, 썰매타기, 노래와 춤 등이 필수적이다. 이러한 축제의 의식적 측면은 장래 농사에 대한 풍년의 기원과도 관련이 있다.

하지 축제(성 요한제)

성 요한제 - 즉 6월 24일은 특히 인기 있는 축제일이다. 모든 유럽 사람들이 이날을 기렸다. 예를 들면 프랑스에서는 왕이 직접 성 요한제의 모닥불을 피웠다.

전국 방방곡곡에서 이 축제는 밤에 벌어지며 반드시 모닥불을 피우고 모닥불 주위에 둘러앉아 노래를 부르고, 강이나 호수에서 또는 이슬로 목욕을 하고, 머리에 화환을 만들고 풀을 모은다. 러시아에서 이 고대 축제와 세례자 요한의 날이 일치되었을 때 그리스도교의 확산을 가져왔었다.

오늘날까지도 성 요한 축제의 밤에 많은 의식들이 우크라이나, 백러시아, 러시아 북부 농촌지역에 보존되고 있다. 바로 이날 밤에 대자연, 특히 대지의 신비롭고 기적적인 힘이 나타난다고 한다.

인간의 영혼에 채워진 자물쇠를 풀고 신비로운 재능을 불어넣어 주는 바위풀, 파도풀이 핀다. 성 요한 축제의 밤(하지 날 밤) 이슬은 신비한 효험을 가지고 있다고 믿는다. 즉 건강과 아름다움을 보존하기 위해 이슬로 목욕을 하고, 이슬을 젖소에게 먹이면 많은 우유를 생산한다. 이날은 밤에 태양이 떠오른다. 나무, 짐승, 심지어 세상만물이 서로서로 이야기를 나누며 풀은 이 밤에 특별한 영험을 받는다. 모든 식물들이 이 밤 동안에 최고의 성장기에 이른다. 러시아인들은 성요한제(하지) 전까지는 풀이 완전한 영양분이 섭취되지 않기 때문에 풀을 베지 않는다.

2장

러시아인의 민족 특성과 이념

1. 러시아인의 민족 특성
2. 러시아 민족의 형성과 발전의 근본요소
3. 러시아 민족 성격의 근본특성
4. 러시아인의 이념
 러시아인의 이념을 구성하는 중요 요소
 러시아인의 이념 형성에 영향을 준 주요요인
 현대적 의미의 러시아인의 이념
5. 러시아인의 정치의식 및 성향

1. 러시아인의 민족 특성

이 장에서는 러시아인의 이념과 성향, 그리고 그들의 역사적 운명의 근본이 내포되어 있고 그들 마음의 본질을 이루고 있는 것이 과연 무엇인가를 알아보자.

민중들의 성격과 국가의 운명은 상호 긴밀한 관계에 놓여 있으며 긴 역사에 걸쳐 많은 부분에서 상호 영향을 끼치고 있다. 이런 측면에서 볼 때 러시아에서 외국인뿐만 아니라 러시아인 자신들도 그들의 역사는 이해할 수 없는 비밀스러운 무엇이 있다고 생각하고 있다. 따라서 다른 나라 역사도 마찬가지이지만 러시아의 역사도 어떤 원칙이나 수학적 공식으로 이해하거나 규정 짓기 어렵다. 이와 관련하여 러시아의 시인이자 외교관으로 널리 알려진 튜트체프(Ф. И. Тютчев)의 시 한 구절을 인용한다.

"머리로서 러시아를 이해할 수 없으며
자로 러시아를 잴 수도 없다.
러시아는 그 자신의 몸뚱이가 있으므로
단지 러시아를 믿을 수밖에 없다."

게다가 각자 자기 방식대로 러시아를 믿어야 하며, 중요한 것은 살아가면서 자신의 믿음에서 그 단서를 찾을 수밖에 없다.

러시아인의 민족적 성격과 민족자각에 대한 문제는 많은 러시아 사상가들의 이목을 집중시켰다. 대다수 러시아 학자들(역사학자, 철학자, 민속학자 등)은 바로 이 논제를 풀기 위해 자신의 전 생애를 바쳤다. 그들 중에 우선적으로 거명되는 학자로는 배르댜예프(Н. Бердяев: 1874~1948년), 구밀래프(А. Гумилев), 이리인(И. Ильин), 까르사빈(Л. Карсавин), 로쓰끼이(Н. Лосский: 1870~1965년), 로새프(Л. Лосев), 솔로비예프(В. Соловьев: 1853~1900년), 프로렌스끼이(П. Флоренский), 패도또프(Г. Федотов) 등이 있다.

오늘날 이들과 다른 러시아의 사상가들의 서적들이 출판되어 많은 독자층을 확보하고 있다. 이외에도 실제로 러시아의 다양한 고전 문학작품들은 러시아 민족성의 훌륭하고 높은 예술적 모델을 제시해 주고 있다.

그러면 도대체 어디에 러시아 민족특성의 골간이 되는 본질이 있는가? 어디에 러시아인의 '혼에 대한 수수께끼'가 숨어 있는가? 이러한 특성들이 어떻게 러시아인에게서 표출되고 있는가? 이에 대해 학자들은 다양하게 설명하고 있다.

배르댜예프는 다음과 같이 기술하고 있다. "어둡고 비이성적인 행위의 출발은 러시아의 정치생활에, 러시아의 국가조직에 전반적으로 감추어져 있다. 이 비이성적인 행위의 출발은 예상 밖이고 의외의 상황을 만들어 내며, 러시아의 역사를 마치 환상적인 논픽션 소설로 바꾸어 버리고 있다."

러시아의 역사 속에서 20C 초 레닌의 시대에 이미 한 번 그런 일이 있었고 20C 말인 지난 빼래스트로이카 이후 시장경제를 받아들이면서 혼란과 혼동의 역사에서 이미 유사한 상황을 실감하였다. 역사의 모순이랄까. 구시대는 사라지고, 또다시 새로운 러시아는 거대한 땅덩어리를 소유한, 막대하고 무궁한 자원을 무기로 지구상에서 초제국주의적 기대와 더불어 수수께끼와 같은 미래의 모습을 잉태하고 있다.

상술한 배르댜예프의 문구는 확실한 관심을 제시하고 있지만 복잡한 러시아의 특성을 설명하기에는 불충분하다. 즉 관점의 차이가 엄연히 존재하고 있다는 것이다. 문제는 러시아인의 삶의 모순이 역사, 철학 또한 가장 중요한 러시아인의 성격의 특성 등 모든 분야에 산재하고 있다. 여기에는 위대함, 자랑과 가치의 부족이 기묘하게 합성되어 나타나고 있다. 즉 인간애, 열린 마음, 무(無) 욕심, 엄격함, 자유와 화해추구, 노예적 복종, 천부적 재능, 근면과 나태가 복합되어 있다.

이 장의 주요목적은 러시아에서 흔히 부딪치는 러시아인의 근본적이고 일반적인 특성을 제시하는 것이다. 더불어 이들의 일반적인 특성은 러시아인 개개인에게 반드시 일치되지 않으며 이들의 모습은 매우 광범위하며 개개인의 특성은 개별적으로 나타나고 있다. 따라서 인종과 민족의 개념으로 러시아인의 성격의 좀 더 본질적이고 좀 더 중요한 특성에 대해 기술하고자 한다. 이에 더하여 우리가 러시아 민족에 관해 논의할 때 이들의 단일성을 고려해야 한다. 즉 장구한 역사 속에서 많은 시련을 겪은 백성들의 존재를 인식해야 한다.

2. 러시아 민족의 형성과 발전의 근본요소

러시아인 생활의 성격적 특질은 모순성이라고 할 수 있다. 게다가 러시아인의 민족적 성격과 관련하여 이 모순성은 그의 중요한 특성이다. 이를 어떻게 설명할 것인가? 일반적으로 러시아 민족의 성격적 특수성을 어떻게 설명하고 있는가? 이에 대한 해답은 다른 여러 민족과 마찬가지로 딱 한 가지로 특징짓기보다는 주로 전체적·복합적 요소(지리, 역사, 기후, 인종, 사회경제활동, 정치, 종교 등)의 영향으로 설명되고 있다. 즉 이들 개별적 요소들이 러시아 민족형성과 그의 민족적 성격 및 자아의식에 각각 독특한 역할을 담당하였다.

그 실례로 지리적 요소를 예로 들 수 있다. 여기에는 무엇이 가장 중요한가? 물론 영토의 거대함이 단연히 우선적으로 거론될 수 있다. 그 거대한 땅덩어리에서 러시아 민족이 형성되었으며, 개방성, 자연지리적 국경의 부재, 그리고 가장 중요한 것은 동양과 서양 간, 북부지방과 남부지방 사이에 끼어 러시아가 중간지역에 위치해 있다는 것이다.

한편으로는 거대한 동유럽 평원(일명 러시아 평원)이 뚜렷한 산맥이나 고원이 없어 자연적으로 너무나 단조롭다. 이런 자연조건이 주민생활의 단조로움으로 연결되었으며, 습관과 풍습, 종교에서도 그와 같은 특징이 내재되어 있다. 이와 반대로 거대한 평원은 강을 발생시키게 되었고, 이 강가에 종족들이 이주하여 도시를 건설하였으며, 이에 따라 영토가 고립되지 않아 자연히 민족과 국가의 형성을 촉진시켰다.

다른 한편으로는 광활한 영토, 북부지방의 혹독한 기후, 울창한 원시림, 남으로부터의 끊임없는 침입위협, 유목민족의 습격 등은 장기간 동안 이 평원의 지배와 견고한 국가나 국가조직의 탄생을 어렵게 만들었다.

러시아 인민들은 비교적 쉽게 이 거대한 평원을 손에 넣었지만, 그러나 이 평원의 관리, 이용, 유지, 방어는 매우 어려웠다. 바로 이 문제를 풀기 위해 러시아 인민들의 모든 힘과 정열을 쏟아 넣었다. 이는 자연히 러시아의 창조력을 낭비시켰고 변방방어가 불가피하여 항상 긴장 상태의 연속이었다. 본질적으로 러시아의 전 역사는 이렇게 유지되었으며, 러시아인의 대외활동은 국가의 관심과 목표에 따라 전적으로 통제되었고 자유로운 개인과 사회의 에너지 발산도 억제되었다. 따따르 몽골과의 투쟁, 혼란시대(1604~1613년)에 영토통합, 황제 뾰뜨르 1세의 정권창출 시기에 참으로 많은 정력을 필요로 했다. 그리고 소비에트 시대에는 거대한 영토의 관리와 세계 최대의 공업강국 건설을 위해 얼마나 많은 국력을 소비하였겠는가? 이상에서 보듯이 여기에는 지리적·역사적·정치적 요소와 직결된 사항들이 포함되어 있다.

또 다른 하나의 가설에 주의를 기울여 보자. 한편으로는 이 자유롭고 거대한 평원은 마음의 광활함, 개방성과 직관성 형성에 커다란 영향을 주었다. 다른 한편으로는 이 무한한 공간(끝없는 들판과 눈 덮인 산하, 원시림)은 이러한 마음을 억누르고 그에 예속시키게 하였다. 결과적으로 러시아인에게는 유럽인들의 계산성, 시간과 공간의 절약성, 문화의 집중이 생겨나지 못했다. 이리하여 러시아 영토와 마음의 광대함은 집중적인 노동보다는 광범위하고 다양한 노동에 관심을 가지게 하였다. 이렇게 하여 지리적·기후적 요소는 동시에 러시아인의 내부적이고 정신적인 성격 형성의 일부분으로 자리하게 되었다.

러시아 민족의 역사 활동은 두개의 문명세력(동·서양)의 가운데에서 일종의 교두보 역할을 수행하였고 지금도 이를 실행하고 있으며, 그 결과 동서 문명의 영향을 몸소 체험하고 있다. 때문에 아마 그 어떤 다른 민족보다도 러시아인에게는 역사의 급전환기에 항상 어떤 길로 나아가야 하는가 하는 선택의 문제가 매우 심각하게 대두되었다. 그 기원이나 본질에서는 유럽인에 속하는 러시아 민족은 모스크바 공국시대부터 동양적·몽골 투르크적 성향이 내포된 동서 혼합형적인 형태로 되었다고 지적되고 있다.

그 외에 러시아는 모스크바 공국시대부터 관리국가처럼 발전하였다. 즉 러시아에서 그 어떤 계층의 존재도 국가에 대한 직무와 관련이 있으며 짜르는 국가의 상징이었다. 이러한 직무활동의 특징은 행위양식에서 심한 모순성을 나타내는 직무적 민족 성격을 형성하였다. 왜냐하면 무엇보다도 직무, 즉 자신의 의무를 무조건 수행해야 되는 것은 자신의 사회적 고유의사 표명과 인간적 이해와 관련하여 많은 모순을 나타내고 있다.

거의 1세기에 걸쳐 러시아인의 삶에서 또 다른 중요한 모순으로는 독재권력을 인격화한 전제정치와 사회적 자각에서 뿌리를 내린 민주주의 전통 사이의 괴리이다. 이러한 전통은 고대로부터 러시아 사회조직의 주요한 요소가 된 지역 공동체(미르)와 무엇보다도 깊은 관계가 있다.

그리스정교는 그의 독특한 세계관, 친밀성과 사회적 평등 이념과 함께 러시아인의 민족적 성격 형성에 큰 영향을 주었다.

수백 년 동안 교회는 알게 모르게 러시아인의 영혼을 형성하였다고 할 수 있다. 러시아 인민들은 하나님의 말씀을 이행하는 민족이라고 불리는 까닭도 여기에 있다. 교회는 러시아 인민의 창조적 정신에서, 강력한 국가건설에서, 러시아 역사에서 커다란 영향을 발휘하였다. 교회의 영향은 음악, 회화, 건축 등 러시아인의 예술세계뿐만 아니라 예술적 언어와 학문에서도 쉽게 발견할 수 있다. 바로 이점에서 러시아인의 진리탐구와 러시아인의 특별한 그리스정교적 모습, 현실세계의 물질에 대한 무관심과 신의 나라에 대한 갈망이 동시에 내재되어 있다.

3. 러시아 민족 성격의 근본특성

러시아 민족 성격의 근본적 특성으로 어떤 것이 있는가? 그중 가장 중요하다고 생각되는 것은 무엇인가? 무엇보다도 러시아 민족은 근면하며 재능이 있다. 그들은 사회생활의 많은 영역에서 탁월한 재주와 재능을 나타내고 있다. 예리한 관찰력, 이론적·실제적 지혜, 천부적 기지와 재능, 심미안, 창조력, 예술적 재질은 러시아 민족의 타고난 특성이라 할 수 있다. 이러한 모든 러시아 민족의 특성은 세계의 높은 수준의 문화 창조에서, 혹은 그들의 일상생활에서 즉 이고리공 원정 이야기(작자 미상 12C 고대 러시아 서사시), 루블툐프(А. Рублев)의 성상과 프레스코 제작, 모스크바 크레믈린의 건설에서부터 거대한 산업, 독창적 학문창조, 우주선에서까지 나타나고 있다. 또한 긴 역사 속에서 러시아 인민의 노력과 재능으로 강대한 국가, 거대한 산업을 건설하고 뛰어난 학문적·기술적 지식과 잠재력을 축적하였다.

러시아인은 철학을 포함하여 정신적 직관력, 학문과 지식에 대한 재능은 자연과학, 인문과학, 기술학 등 거의 모든 영역에서 표현되고 있다. 철학의 중심적 내용은 항상 삶에 대한 사고, 인간의 역할, 신과 영혼에 대한 문제 제기였다. 러시아 사람들의 이러한 성격적 특징은 도스또예프스끼 소설 『까라마조프가의 형제들』에서 흥미있게 묘사되고 있다. 이 소설의 주인공 중의 한 사람인 이반 까라마조프의 이야기에 의하면 "금방 통성명한 젊은이들이 술집 한 구석자리에서 오랫동안 앉아서 범 세계적 문제 – 신은 존재하는가? 혹은 내세는 존재하는가? – 들을 논의하기 시작한다. 신을 믿지 않는 젊은이들이라면 정치사회에 대해서 무정부주의에 대해서, 새로운 세상건설을 위해, 인간개조에 관해서 토론하기 시작한다."

우리가 잘 아는 바와 같이 언어는 사고의 표현수단이다. 이런 측면에서 러시아어가 가지는 장점, 즉 정확성, 규칙성, 표현의 풍부함은 러시아 민족 재능의 우수성에 대한 확고한 증거물이라 할 수 있다. 저명한 러시아의 작가인 뚜르게네프는 러시아어를 일컬어 풍부하고 규칙적이며 자유로운 언어라고 칭송하였다. 그는 다음과 같이 기록하였다. '신이 그러한 위대한 언어를 위대한 민족에게 주었다고 믿어야 한다.'

러시아 문학에 대해 조금 언급해보자. 러시아 문학은 문학의 인도주의적 경향, 문학의 언어적·내용적 풍부함, 인간 내면세계의 깊은 통찰, 선과 삶의 의미에 대한 탐구, 부정과 악의 폭로, 그리고 자비와 동정을 주 특징으로 하고 있다. 러시아 고전문학의 제1인자들인 부닌(И. А. Ьунин), 고골, 도스또예프스끼, 푸시킨, 똘스또이, 뚜르게내프, 체호프 등은 그들의 작품에서 러시아인의 개별적 혹은 사회집단의 생활뿐만 아니라 민중의 성격과 전체 러시아인의 영혼을 제시하였다.

격조 높은 러시아의 고전음악, 그림, 희극, 오페라, 발레의 진가는 전 세계에 널리 알려져 있다.

또한 러시아뿐만 아니라 해외에서 조차 큰 인기를 얻고 있는 가내 수공예품에 대해 이야기하지 않을 수 없다. 여기에는 호호로마의 목화(木畵), 그젤의 도자기, 빨래흐와 패도스끼노의 옻 세공품, 보고로드스끼의 뜨개질, 조스또프의 쟁반 등이 유명하다.

창작에 대한 러시아인의 높은 수준의 재능이 이들의 천년 역사에 걸쳐 러시아인 영혼의 근본적 특징과 러시아인의 민족적 성격 중의 하나가 되었다고 말할 수 있다.

자유애, 진리와 정의의 지향, 용감한 비평은 러시아 사람들의 근본적 특성과 관련이 깊다. 이런 측면에서 이들은 자신들의 개인적 행위에서조차 자신의 잘·잘못을 따지며 자신이 스스로 만든 규범과 규칙, 가치를 시험하고자 한다.

'러시아인의 마음'에 매우 정통한 도스또예프스키는 다음과 같이 기록하였다. '서유럽에는 확고한 삶의 규칙과 형식이 정립되어 있으며, 심지어 그의 허구성에도 불구하고 마치 성스러운 것'처럼 이를 떠받들고 있다. 그러나 우리 러시아인에게는 위선적이고 편견적인 성물(聖物)은 없다. 우리는 성물(聖物)을 사랑한다. 왜냐하면 단지 성물이 정말로 성스럽기 때문이다. 우리는 서구처럼 사회질서를 유지하기 위하여 이 성물을 이용하지 않는다.'

사회정치적 생활에서 러시아인의 자유애호사상은 무정부주의적 경향, 반정부적 행위로 표출되었다. 슬라브주의자들은 정부에 대한 성격, 즉 개념을 다음과 같이 규정하고 있다. "러시아 인민들은 '땅'과 정부 사이에 명확한 경계선을 긋고 있다. '땅' – 이것은 자신의 내적 도덕적 진리와 그리스도의 가르침에 따라 살아가는 공동체이다. 그러나 정부는 외적인 진리에 의해 운영되고 있다. 즉 정부는 생활외적인 법칙을 만들어 이의 실현을 목적으로 강압수단에 의존한다." 우연치 않게 러시아에서 바쿠닌(Бакунин), 크로뽀뜨킨(Кропоткин)과 같은 무정부주의 이론가들이 상당히 많이 활동한 원인도 바로 여기에 기인하고 있다.

러시아의 천년 역사 노정은 끊임없는 자유와 독립투쟁으로 정의할 수 있다. 바로 이점에서 '러시아 자유의지', 즉 17~18C에 블로뜨니코프(И. Болотников), 스텐까라진(С. Разин), 퓨카쵸프(Е. Пугачев)의 영도 하에 일어난 일련의 농민전쟁과 수많은 폭동과 반란을 회상하지 않을 수 없다. '러시아의 자유의지'는 자연적 현상이며 다른 민족들에게는 생소한 것이다. 자유애호사상을 대표하는 또 다른 것으로 까자끄적인 성격을 예로 들 수 있다. 이는 귀족과 지주들의 전횡에서 벗어나기 위해 용감한 자유애호의 농노들이 도망친 결과 발생한 것으로(러시아 남부지방의 초기 형성과정처럼) 러시아의 독특한 사회현상 중의 하나로 나타났다. 또한 권력의 박해에서 더 멀리 떨어져 살고자 한 열망은 시베리아, 러시아 북부지방, 극동으로의 이주로 연결되었다. 이 때문에 1861년까지 러시아에 존속한 농노제도도 정신적으로 흐르는 러시아 인민들의 자유의지 자체를 구속할 수는 없었다.

이 중요한 러시아 민족의 성질은 러시아의 전 역사에 걸쳐 조국독립 투쟁, 즉 몽골 따따르의 침입, 1812년 나폴레옹 전쟁, 파시스트 침입을 격퇴한 대독전재(1941~1945년)에서 그 진가를 발휘하였다. 러시아의 사회해방운동으로는 데카브리스트(10월당) 반란(1825년), 최초의 민중혁명(1905~1907년), 2월 혁명과 10월 혁명(1917년)이 명확하게 역사의 한 페이지를 장식하고 있다. 이 해방투쟁은 인간가치, 권리와 자유의 존중이라는 기치로 러시아와 러시아 인민의 밝은 미래를 위해 실행되었다. 21C 초인 오늘날에도 이러한 문제들이 러시아에서 진행되고 있는 사회화 과정의 중심요소로 꼽히고 있다. 또한 이 문제들은 발전의 새로운 단계에서 러시아인의 역사 활동의 가장 중요한 구성요소로 지목되고 있다.

인간은 풍부하고 다양한 감정을 소유하고 있다. 예를 들면 슬픔, 기쁨, 악의, 용감, 공포, 모욕, 증오 등이 있다. 이중에서 러시아인의 성격적 특성에 관하여 언급할 경우 그들의 강한 의지력, 용맹, 용감성을 이야기하지 않을 수 없다. 그리하여 이들 개개의 특성은 러시아인의 심신을 사로잡는 열정으로 왜곡되었다. 열정과 감정은 부단히 이러한 사람들을 많이 양성하였고 이성적 사고와 자신의 행동에 대한 예리한 평가를 거부하며, 더 중요한 것은 심지어 자기보호 의식마저 2차적인 문제로 취급한다. 그들은 망설임이나 주저 없이 행동한다.

러시아인의 강인한 의지력, 용맹성과 용감성은 러시아 정치사에서 특히 혁명과 해방운동에서 유감없이 발휘되었다. 많은 전쟁 가운데에서도 파시스트에 대항한 위대한 조국전쟁(2차 대전)에서 이들의 용감성, 영웅적 정신과 자기희생 정신의 발현은 널리 알려진 이야기다.

러시아인의 열정은 전체 인민의 일상생활에서 뚜렷하게 나타나고 있다. 작가 고골(1809~1852년)은 그의 작품 『죽은 영혼』에서 러시아 인민의 억제할 수 없는 열정, 용감성과 대담성에 대해 매우 생생하고 정확하게 기술하였다. 이 작품에서 삼두마차(전설 속의 3마리 새가 끄는 마차)에 대해 다음과 같이 묘사하였다.

'도대체 어떤 러시아인이 빨리 가는 것을 싫어하는가? 방황하는 영혼은 대답한다. 엿 먹으시오. 오! 삼두마차! 어느 누가 너를 고안하였는가? 아마도 너는 용감한 민족, 진정한 열정이 넘치는 그 땅, 이 거대한 영토에서 태어날 수 있었지. 루시! (러시아인을 지칭) 너 또한 쏜살같이 질주하는 삼두마차와 같지 않는가? 루시, 너는 도대체 어디로 달려가고 있는가? 대답하시오. 그러나 아무런 대답도 하지 않는다.'

상기 제기된 문제에 대한 해답은 러시아에서 뻬래스트로이까 이후 급속하게, 마치 총체적 난관을 극복하기 위한 수단처럼, 미지의 시장경제체제를 신봉하며, 자원을 무기로 한 새로운 세계질서를 만들려고 하는 지금의 현실에서 깊이 새겨보아야 할 것이다.

러시아인의 성격적 특징으로 내세울 수 있는 것은 친절, 박애와 영적 온화함이다. 이러한 성격은 누군가 어려운 사람이 있으면 그에게 다가가 자신의 마지막 남은 동전 한닢까지도 나누어 주는 동정심과 자비심에서 잘 나타나고 있다. 러시아인은 심지어 범죄자들에게까지도 불행한 처지에 대해 동정심을 보인다. 이들은 자신의 선의에 대해 어떤 이익이나 칭찬을 바라지 않으며 단지 자신의 마음속의 위안과 마음의 즐거움으로 만족할 뿐이다. 더하여 자신들의 선행에 대한 침묵과 절제로 심지어 다른 사람이 이를 알지도 못하게 한다. 이들의 선행은 다른 사람들의 슬픔을 곧 자기의 슬픔으로 여기며, 재난을 당한 사람에게 가슴에서 우러나오는 진실된 도움을 주며 타인의 마음을 이해하는 것이다.

러시아인의 친절과 영적 온화함은 그들의 언어표현에서도 잘 나타나고 있다. 즉 명사와 고유명사의 지소(至小)형과 애칭이 엄청나게 많이 사용되고 있다.

예를 들면 ГОЛОВА(갈라바: 머리), ГОЛОВУШКА(갈라부쉬까), ГОЛОВКА(갈로브까): ЗЕМЛЯ(재믈랴: 땅), ЗЕМЕЛЬКА(재멜리까), ЗЕМЕЛЮШКА(재매류쉬까): ВЕТЕР(배쩨르 :바람) ВЕТРОК(배쩨록), ВЕТРОЧЕК(배트로쩩): ЗАЙЦ(자이쯔: 토끼), ЗАЙЧИК(자이치크), ЗАЙЧИШКА(자이치쉬까): ИВА

Н (이반: 사람이름) ВАНЯ(바냐), ВАНЕЧЕК(바네첵), ВАНЮШКА(바뉴쉬까) 등이 있다.

러시아인의 손님초대와 대접, 개방성은 익히 주지된 사실이다. 이들은 아까워하는 생각 없이 자기 집으로 손님을 초대하는 것을 매우 좋아한다. 각 가정에서는 손님을 위해 많은 주의와 배려를 아끼지 않으며, 가장 상석에 손님을 앉히고 가장 맛있는 음식을 대접한다. 러시아 가정에 손님으로 초대 받은 경험이 있는 외국인들은 매우 놀라며 "현재 상점은 텅텅 비어 있는데 식탁 위에는 모든 것이 다 있다"고 말한다. 아마 지금은 정반대 상황이라 할 수 있다. 대다수 사람들에게는 상점에 있는 외제물건들은 그림의 떡처럼 너무 비싸 엄두를 못 내고 있다. 그럼에도 불구하고 모든 것이 변하고 있는 지금도 이들의 손님초대에 대한 마음은 아직까지도 변함이 없다.

동정심, 이해심, 측은해하는 마음, 타민족 문화의 통합력과 존경도 러시아인의 성격적 특징이라 할 수 있다. 저명한 러시아 시인인 블록(А. Блок: 1880~1921년)은 그의 시 「스키타이족」에서 다음과 같이 지적하였다. '우리들에게는 모든 것이 명료하다. 프랑스인의 예리한 사고도, 독일인의 완벽함도 모두.'

러시아 사람들은 개인적 사고인 '나'와 '너'에 입각하지 않고 마치 규범처럼 집단적·공동체적 사고인 '우리'에 삶의 바탕을 둔 다양한 생활을 영위하고 있다. 러시아인의 성격과 관련된 이 동정심에 관한 개념을 도스또예프스끼는 모스크바에서 거행되었던 푸시킨 기념비 제막식에서 다음과 같이 명료하고 확실하게 표현하였다. '완전히 러시아인이 되자. 전 세계 인민들과 같이 한 형제처럼 서로의 우애를 나누자. 총칼로 탈취한 것이 아니라 인간의 재결합으로, 형제적 우애로 이룩한 우리의 운명과 세계평화가 바로 여기에 있다.'

신앙심 또한 러시아 민족의 본질적이고 심오한 특성 중의 하나이다. 이는 천년에 걸쳐 이들의 마음속 깊은 곳에 자리잡고 있었으며, 바로 20C 전까지만 해도 러시아는 그리스정교 국가였다. 이미 언급한 바와 같이 종교적 세계관이 국가적으로나 사회적으로 인간생활의 일부분처럼 모든 삶의 형태에서 흔적을 남기는 것은 지극히 당연하다. 종교적 세계관은 개별적으로 러시아인의 개성형성에, 전체적으로는 국가형성에 매우 중요한 역할을 하였다. 종교는 러시아인의 문화, 도덕성, 민족자각 형성에 지대한 영향을 주었다. 친절, 희생정신, 청렴, 겸손, 인내, 금욕, 신성함, 이 모든 것과 다른 여러 가지 러시아 민족의 특성은 바로 그리스정교의 영향으로 형성되었다고 해도 과언이 아니다.

도스또예프스끼는 '아마 러시아 민족의 유일한 사랑은 예수 그리스도이다'라고 썼다. 즉 도스또예프스끼는 러시아 민족은 예수 그리스도를 마치 이상적인 인간처럼 자신들의 마음속에 특별히 간직하고 있다고 하였다. 바로 이점에서 그들의 기도에서, 성인의 이야기에서, 고행자의 숭배에서 습득한 참된 정신적 교화를 간직하고 있는 이유가 있다. 그 결과 역사적 이상(理想)인 성인 즉 새르기 라돈내즈스끼(Сергий Радонежский), 새라핌 사로프스끼(Серафим Саровский), 찌혼 자돈스끼(Тихон Задонский) 등이 출현하였다. 러시아 성인들은 마치 예수 그리스도의 삶(고행, 겸손, 소박, 헌신, 온화, 관대)처럼 그 자신의 행동에서도 그렇게 행하고 있다. 러시아 민족은 그리스도교를 수용하고 이를 자기 것으로 동화시켰으며, 강력한 정부가 아니라 성스러운 러시아가 러시아 민족의 이상으로 된 것은 매우 흥미롭다. 이와 관련 똘스또이는 다음과 같이 언급하였다.

"나는 농부와 같이 거칠고, 겸손하고, 인내하며, 그리스도에 의해 참된 영혼을 교화시키는 러시아 민족을 사랑한다."

정말로 신앙심은 러시아인의 가장 마음속 깊은 곳에 자리 잡고 있다. 이 때문에 몇몇 작가들이 명백하게 그리스도교에서 마르크

시즘과 레닌니즘을 도출하였으나 러시아 민족은 어느 날 갑자기 '성스러운 꿈'(마치 천국처럼 멀고 비현실적인 공산주의)으로 향하여 일제히 달려 나갔다. 비록 10월 혁명 후 10년간에 걸쳐 무신론 선전, 행정적 규제, 사원의 파괴 등 여러 가지 방법으로 종교와의 투쟁을 수행하였지만 아직까지도 종교적 세계관, 교회와 국가관의 관계는 사회생활의 중요한 영역으로 남아있다. 특히 러시아의 재형성과 개조시대인 지금도 그리스정교 교회가 부활되고, 일상 사회생활에서 교회의 역할이 강화되고 있다. 믿음과 종교, 신의 이해는 민중들에게 부활되고 교회의 축제와 의식이 재생되고 신과 교회에 대한 느낌과 동경이 되살아나고 있다. 그러나 이러한 과정이 순조롭지만은 않다. 즉 마치 오늘날 삶의 모순처럼 새로운 모순성을 보이고 있다.

위에서 언급한 러시아 민족성격상의 장점은 또한 바로 그 자체에 반대적 측면, 즉 단점도 가지고 있다. 단점은 역으로 장점이라 할 수 있다. 그리고 같은 맥락에서 러시아인의 성격의 모순점이 있다. 베르쟈예프(1874~1948년: 철학자)는 러시아인의 성격에 대해 다음과 같이 묘사하였다.

'매료될 수도 있고, 환멸을 느낄 수도 있다. 이들에게서 항상 예기치 못한 일을 당할 수 있다. 그들은 강렬한 사랑과 강한

증오를 불러일으키는 야누스적 얼굴을 가지고 있다.'

슬픔을 자아내는 일이지만 러시아인 자신들 또한 이에 대해 "노래에서 가사를 삭제 할 수는 없다. 즉 그 사람의 있는 그대로를 인정해야 한다"고 자화자찬하고 있다.

사실 인간은 누구나 대립되는 특성, 즉 선과 악이 혼합되어 나타나고 있다. 이런 측면에서 볼 때 러시아인의 삶에서 이 선과 악의 차이는 다른 그 어떤 민족보다 더 폭이 넓다. 이점에서 러시아인의 중요한 성질 – 자신의 단점에 대한 솔직한 시인, 단점을 극복하고 삶을 향상시키려고 하는 노력 – 을 소유하고 있다는 것을 지적할 수 있다.

무엇보다도 무질서, 엄함, 규율의 부재, 부정확성, 비이성적인 특성은 러시아인의 단점으로 간주되고 있다. 결론적으로 러시아인은 평범하고 규정된 형식과 틀에 얽매이지 않고 있다. 이 때문에 감정과 관심의 급격한 변화, 논리적 결론을 도출하는 능력과 노력부족, 관리와 경영의 서투름이 나타나고 있다. 또한 이 때문에 러시아인의 지혜로 얻은 흥미있는 구상이나 독창적인 사상이 실제로 그의 실행에 있어서 불균형을 나타내는 특이한 현상이 표출되고 있다.

실제 생활언어에서 마치 관심이 없는 것처럼 자주 사용하는, 예를 들면 "운에 맡겨야죠. 아마 어떻게 되겠지요. 기다려 봅시다" 등의 표현은 러시아인의 성격의 부정적 특성으로 이와 밀접한 관련이 있다.

또 다른 부정적인 특성으로 특별한 대책 없이 극단으로 치달리는 것이다. 러시아인은 다음과 같은 원칙에 의해 자주 행동한다. "전부 다하든지, 아니면 아예 안하든지." 이미 기술한 바와 같이 일상생활의 다양한 분야에서 나타난 러시아인의 열정은 때때로 극한 상황 (광신주의, 극한주의, 극단주의)까지 달려갈 가능성이 다분히 있다. 특히 17C 그리스정교의 종교의식 개혁에 반대한 수천 명의 신도들이 극단적 방법(분신자살, 단식)으로 막을 내린 구교도의 투쟁은 러시아 종교사에서 광신과 비타협 사상의 좋은 본보기가 되고 있다. 러시아인은 선과 정의의 이념 그리고 새로운 생활양식의 탐구에서, 예를 들면 농민폭동, 혁명, 시민전쟁(백군과 적군과의 전쟁)과 관련한 사건들에서, 어떤 극한에 도달하여 끝을 보아야 직성이 풀린다고 한다. 생각건대, 이것은 소비에트 공산주의 시대에 이루어진 전제정치의 본질과 특성 및 그의 이념적 비타협을 설명할 수 있는 하나의 근거가 될 수 있다. 게다가 러시아에서 90년대 초반에 나타난 일련의 사건들은 이를 잘 증명하고 있다.

심지어 일상생활에서, 특히 부의 축적에서 많은 사람들은 극한성, 즉 부의 축적을 전 생애의 유일한 목적으로, 강렬한 열정을 표출할 대상으로, 삶 자체를 포함 모든 것을 이것에다 초점을 맞추어 행동한다. 바로 이런 연유로 오늘날 러시아가 시장경제로의 전환상황에서 소유권 문제는 마치 사회적, 심리적, 도덕적 문제처럼 사람들 사이에 뜨거운 감자로 등장하고 있다.

러시아인의 부정적 특성으로 러시아의 작가 곤차로프(И. Аю Гончаров: 1812~1891년)의 소설 『오블로모프』(Обломов: 일명 나태의 화신: 1854년 출간)에 잘 묘사된 나태를 또한 들 수 있다. 이 소설 발간 이후 이러한 성격의 특성을 '오블로모프쉬나'(게으른 생활)라고 불렀다. '오블로모프쉬나'는 러시아인의 다른 긍정적 성격들 즉 강인한 의지, 지혜, 완전성, 동정심에 대비되는 정반대적 특성이라 할 수 있다. 곤차로프는 그 자신과 다른 사람들의 '오블로모프의 게으름'에 관한 글을 많이 썼다. 그의 소설에서 '나는 러시아인의 본질적인 특성처럼 나태와 권태를 표현하였다'고 기록하였다. 물론 특정한 상황에서, 예를 들면 엄격한 기강 하에서는 비록 마음에 들지 않은 일일지라도 러시아인은 성실하고 정확하게 끝까지 완수할 수 있다. 그럼에도 불구하고 러시아인에게는 '오블로모프쉬나'의 요소가 여전히 남아 있다. 이런 것들은 부주의, 부정확, 방종, 무책임 등의 행위에서 잘 나타나고 있다.

러시아인에게서 무관용·무자비와 같은 부정적 측면도 찾아 볼 수 있다. 먼 옛날 러시아 역사에서 무관용·무자비는 퓨가쵸프의 반란에서 잘 나타나고 있다. 이에 대해 푸시킨의 말한 구절을 회상하지 않을 수 없다.
"러시아인의 우매하고 용서 없는 반란을 두려워하시오."
또한 무관용·무자비는 일상생활에서도 특히 가정에서 가장의 전횡에서(19C 후반까지만 해도 농민, 평민, 상인의 가정생활 체계는 가부장적이었음) 아내와 자식들에 대한 학대가 빈번하였다. 무관용·무자비는 짐승들에게도 마찬가지였다. 물론 이에 대해서는 농민의 가난, 극도의 빈곤, 불공평과 지주들의 박해도 그 요인으로 작용하였다고 설명할 수 있다.
1917년 10월 이후 일반생활에서 무관용·무자비는 계급투쟁 원칙과 이념적 불타협의 원인이 되었다.
이러한 부정적 현상들과 함께 생활수준의 향상, 교육과 문화수준의 향상 등 많은 것들이 변화되었고 괄목할 만한 성과를 가져왔다. 그러나 오늘날에도 아직 사회생활에서 무관용·무자비의 예들을 적잖게 찾아 볼 수 있다.

그리고 상기 기술한 것 외에 또 다른 러시아인의 부정적 특성을 하나 더 들 수 있다. 즉 러시아 민족의 근본적 특성 중의 하나인 친절은 또한 그 반대적 측면을 가지고 있다. 이 친절함은 상대방에게 모욕감을 주지 않기 위해, 평화와 친선을 유지하고 싸우지 않기 위해 가끔 거짓말을 하게끔 한다. '거짓말은 구원을 준다'는 러시아인의 격언은 특별한 까닭이 있다고 할 수 있다. 이와 관련 도스또예프스끼는 다음과 같이 기록하고 있다.

'대다수 러시아인은 손님에게 불쾌감을 주지 않기 위해 거짓말을 한다. 심지어 본인에게 불이익이 초래될지라도 그렇게 말하곤 한다.'

허무주의, 질투, 순종, 이기주의, 자만도 러시아인의 부정적 특성으로 분류되고 있다. 앞서 기술한 특성, 즉 긍정적·부정적 특성들은 러시아 민족 이외의 다른 민족들에게도 당연히 찾아 볼 수 있다. 그러나 상기한 특성들은 러시아인의 성격에서 기묘하게 결합되어 잘 나타나고 있다.

바로 이러한 특성의 모순성은 다른 다양한 요소와 함께 러시아의 운명, 역사, 문화에 커다란 영향을 미쳤다. 이와 관련 러시아 신학자 프모로프스끼(Г. Фморвский)는 다음과 같이 기술하고 있다.

'이 모든 모순성은 불공정에서, 돌발행위에서, 거부감이나 호기심에서, 환멸에서, 배신에서, 파괴에서 잘 나타나고 있다. 그러나 적어도 거기에는 본능적인 순수함이 내포되어 있다.'

4. 러시아인의 이념

러시아인의 이념을 구성하는 중요 요소

'러시아인의 이념', 이것은 복잡하고 여러 가지 측면에서 다양한 개념으로 이해해야 한다. 이는 오랜 역사를 걸쳐 형성된 종교적인 성격을 포함, 도덕적·정신적 원리 등 총체적 관점에서 파악하여야 한다. 그러나 이의 근본은 바로 민중의 마음이며 이가 곧 민족의 이해라고 할 수 있다.

러시아인의 이념을 구성하는 가장 중요한 요소는 무엇보다도 우선 집단주의(공동체주의)라고 단정할 수 있다. 즉 의견일치, 공동행위, 광의로는 러시아의 단합에 대한 열의이다. 사회정치적, 역사적, 종교적 전통, 일반 생활방식과 국가수호의식 등의 객관적 요소들은 대내외적으로 러시아 민중의 통일 원리처럼 집단주의의 강화를 촉진시켰다. 집단주의의 이상은 과거 역사에 대한 존경과 선각자적이고 진보적인 의식축적, 신앙의 일치, 정신적 통합으로 대표될 수 있으나 반대로 분리주의, 종파주의, 사회반목 의식을 배척하고 있다.

이 외 러시아 민족 성격의 본성과 러시아 민족의 마음속 깊이 흐르는 국민성은 또 다른 러시아인의 이념을 구성하는 요소이다. 러시아인의 이념의 중요 요소로서 '절대 선'의 추구, 진실과 정의가 빠질 수 없다. 이의 밑바탕은 바로 러시아 민족들의 종교적·정신 도덕적 요인에 있다.

또 다른 러시아인의 이념을 구성하는 중요요소 중의 하나는 그리스정교의 구세주론이다. 이는 러시아 민중들의 부동의 신앙심과 그리스도 교리에 대한 신봉, 하나님이 선택한 민족이라는 의식에서 생겨난 것이다. 바로 이러한 근거에서 러시아 민족 구세설, 즉 구원론 이념이 형성되었다.

일반적으로 개별 민족에게는 각자 민족 구세론적 이상(理想)을 가지고 있다. 그 민족의 창작 및 역사활동에서 범세계적 사명의식을 갖고 초민족적 가치를 구현하였으며, 그런 형식으로 다른 민족들의 문화에 커다란 영향을 미친 몇몇 민족들을 예로 들 수 있다. 이는 그 자체의 심오한 본질에서, 또는 높은 문화적 업적 달성이라는 측면에서 매우 긍정적이라 할 수 있다. 이와 같이 러시아 문화의 영향도 전 인류의 문화발전이라는 면에서 긍정적 요소를 담고 있다.

러시아 민족의 특성처럼 민족 구세설은 사회의 모든 영역에서,

세계혁명의 이념에서, 미래의 밝은 세상건설 이념에서 재생되어 소비에트 공산주의 시대에도 계속 이어졌다. 그리고 나중에 이 구세설의 여파는 오늘날 새로운 정치적 사고전환에서도 찾아볼 수 있다. 고르바쵸프의 유명한 저서의 이름을 '러시아와 전 세계를 위한 빼래스트로이카와 새로운 정치적 사고'라 명명한 것은 결코 우연한 일이 아니다.

개념상으로 '러시아의 이념'은 여러 시대에 걸쳐 여러 가지 평가를 받았다. 이에 대한 최초의 학문적 표현은 1888년 러시아 철학가 솔로비예프(В. Л. Соловьев: 1853~1900년)에 의해 도입되었다. 그러나 이의 근본적 특징은 러시아의 장구한 역사 속에서 형성되었다. 이러한 관점에서 볼 때 '러시아 이념의 형성기간은 바로 러시아의 형성기간과 같다'고 할 수 있다.

'러시아 이념'의 발전은 커다란 역사적 사건들과 관련한 일련의 단계를 거쳐 민중들의 민족의식의 성장으로 더욱 강화되었다. 예를 들면 몽골 따따르 압제를 벗어나기 위한 꿀리꼬보 전투(1380년), 16C 러시아 중세 문예부흥, 17C 초 혼란시기에 외세지배에 대한 투쟁(모스크바 공국시대), 뾰뜨르 1세의 개혁, 1812년 조국전쟁(대 나폴레옹 전쟁)과 데카브리스트의 봉기, 19C 후반의 개혁과 문화향상, 공산혁명의 시대, 대조국 전쟁(1941~1945년 대독전쟁) 등이 있다.

이러한 여러 가지 사건들과 함께 러시아의 이념은 사회이상을 포함하여 러시아 역사의 노정에서 특수한 성격과 많은 변수를 나타냈다.

러시아인의 이념 형성에 영향을 준 주요요인

도대체 어떤 요인, 어떤 요소들이 러시아인의 이념형성에 영향을 주었는가? 좀 더 일반적 개념에서 이것은 무엇보다도 동서양, 남부지방과 북부지방 사이에서 지정학적 상황으로 인하여 러시아와 러시아 외 다른 많은 이민족의 역사적 운명을 결정짓고, 문화적으로 상호협력과 상호영향을 미쳤으며 마침내 다수 종족의 혼합을 가져왔다. 이러한 관계로 볼 때 러시아의 이념은 러시아적이라고 할 수 있다. 왜냐하면 이의 형성은 오래 전부터 다수의 이민족이 거주한 거대한 영토에 침투되었기 때문이다. 이리하여 역사적 운명의 일치로 러시아와 관계가 밀접한 다른 종족의 일원들도 러시아 이념을 형성에 영향을 주었다.

또한 그리스정교와 이의 영향으로 성립된 문화는 러시아 이념을 유지·형성한 가장 강력한 요인이라고 하지 않을 수 없다.

게르쨴(А. Герцен: 1812~1870년), 체르느쉐브스끼(Н. Черн ышевский: 1828~1889년)의 러시아 사회주의와 19C 후반 인민주의자들의 사상, 그리고 러시아라는 특수한 상황(사회주의 이상 실현에 독특한 사회환경이 가미된) 하에서 사회민주주의와 공산주의 이론도 러시아인의 이념형성 과정의 일부분이 되었다. 1917년 11월(10월 혁명) 이후 러시아에서는 이 사회주의 이상을 실현하기 위하여 삶 자체가 근본적으로 개조되었다. 그러나 이 당시 삶의 변화는 전략적 오산, 파괴, 왜곡뿐만 아니라 러시아인의 이념 중 많은 장점들을 폐기시키고 구시대 문화에 대한 극단적 부정과 선행문화의 민주적 사상자체를 도외시하는 실수를 동반하였다.

현대적 의미의 러시아인의 이념

현대적 의미의 러시아인의 이념은 마치 개념이나 역사적 이념처럼 특별한 의미와 실재성으로 완전히 바뀌어 가고 있다. 우선적으로 오늘날 러시아 사회의식에서 두 갈래의 주요경향으로 특징지워지는 복잡한 과정이 진행되고 있다.

한편으로는 민중의 자각의식의 발로에서 절박한 위기감의 나타나고 있다. 허무주의, 도전적 이상의 쇠퇴, 국가운명에 대한 책임감 결여, 서구문화의 모방이 사회에 확산되고 있으며 이 중에는 현대 러시아어에 엄청난 양의 외래어 유입도 이의 한 예로 들 수 있다. 이런 부류의 의식성향을 가진 정치인이나 학자들을 서구주의자라고 칭하고 있다.

다른 한편으로는 민족정신과 민족문화의 부활, 민중의 자각의식이 좀 더 명료하게 표출되고 있다. 이는 종교의 부활과도 관계가 깊다. 바로 이런 점에서 러시아인의 이념에 대한 관심, 신랄한 토론의 전개, 러시아 민족의 운명문제, 민족정신과 습관 등이 화제의 중심으로 떠오르고 있다. 이런 부류의 의식성향을 가진 정치인이나 사람들을 민족주의자라고 부른다.

현대 생활에서 러시아인의 이념의 의미와 이의 중심내용은 주로 러시아의 현실적 필요와 민중의 관심에 따라 결정된다고 할 수 있다. 이에는 무엇보다도 정치적 안정과 사회질서의 확립, 평화와 단결유지, 자유의지의 각성, 민중의 사회활력 부여와 창조활동이라고 대별할 수 있다. 민족적·사회적 화합창출과 안정적이고 진보적인 발전을 위한 주요쟁점은 러시아의 일치단결 강화와 사회규합을 보장하는 생활정치를 구현한다는 기초 하에서 가능할 것이다. 이런 점에서 가장 중요한 의의는 러시아인의 이념 중의 하나인 집단주의가 아닌가 싶다. 이 집단주의는 시대의 소명이 될 것이며 사회안정과 조화를 위한 강력한 요인이 될 것이다.

5. 러시아인의 정치의식 및 성향

대부분의 나라가 그렇듯이 그 나라의 정치상황을 점치기는 매우 어려운 일이지만, 특히 그 누구도 장담하기 힘든 나라가 바로 러시아가 아닌가 싶다. 현재 러시아의 정치상황 및 미래의 정치구도에 대해서는 러시아인조차도 섣불리 이야기하지 않는 화제 중의 하나이다.

1995년 러시아 유학시절 옐친의 차기 연임 가능성과 선거연기 등에 대한 필자의 질문에 한 정치학 교수는 체첸 사태가 일어났을 때 벌써 이는 계획된 상황이 아니냐고 반문하였다. 옐친 주위의 소위 권력장관으로 구성된 안전보장회의 구성원들은 체첸과의 전쟁에 대한 이해득실로 가장 우선한 요소로 다음과 같은 것을 계산하였다.

첫째, 인기 떨어진 옐친의 권위를 다시 세우고 둘째, 체첸의 뒤를 따르려고 하는 러시아 공화국 내에 산재한 민족 자치 공화국의 요구를 사전에 잠재우는 효과를 거둘 수 있으며 셋째, 체첸 내전으로 러시아 내 테러가 발생하거나 대규모 반전데모 등으로 국가가 혼란에 빠질 시 옐친은 헌법에 명시된 자신의 권한을 이용, 자연스럽게 선거를 연기할 수 있다는 계산을 하였다. 속칭 꿩 먹고 알 먹기 식이었다. 그러나 체첸사태 후 러시아 제1텔레비전 방송사인 아스딴끼노의 사장인 블라지슬라브 라스찌에프(Владислав листьев)의 암살사건, 체첸군 지도자 중의 한 사람인 당시 31살의 샤밀 바사에프(Шамиль васаев)의 부존노브스크(буденновск)시(市) 인질·테러행위가 벌어졌지만 별다른 강공책이 나오지 않았다. 오히려 결국 정족수 미달로 부결되었지만 의회의 불신임 결의안 제출로 강경파인 국방장관 빠벨 그라쵸프 등 권력 장관 몇 명이 해임되었다.

이와 더불어 옐친의 지지도도 전반적으로 떨어져 10%를 넘지 못하였다. 그 주된 이유로는 경제문제 해결의 실패와 고르바쵸프의 빼래스트로카가 망국의 길이라고 비난하며 과거로의 회귀를 요구하는 계층이 더욱 늘어난 것이다. 경제 자유화, 사유화, 개방화로 부를 획득한 계층은 상위 5%정도도 안 되는 반면, 연금생활자, 실업자, 봉급생활자 등 빈곤층이 늘어만 가고 있다. 그래도 그나마 아파트, 별장(дача) 등을 소유한 사람들은 부동산 가격 인상으로 작은 부자라는 측면에서 무조건 반대하는 현실부정형은 아니다. 이런 측면에서 러시아에는 현실안주형이라 할 수 있는 중산층은 형성되지 않았지만 굳이 표현한다면 과거 국가로부터 혜택을 입은 사람들, 즉 아파트, 자동차 등을 소유한 전문직 직장 종사자들이 이를 대변할 수 있지 않을까 생각된다.

그러나 두터운 중산층의 비형성으로 내부사정이 조금만 악화되면 정치행태가 변화할 가능성이 다분하며, 이에 대한 반대세력도 그만큼 적다는 것이다.

지금의 러시아가 과거로 돌아갈 것이라고 점치는 사람은 극히 드물지만 상황의 변화에 따라 그 가능성은 항상 도처에 도사리고 있다. 러시아인은 말한다. 러시아 역사상 러시아 백성들이 한 번도 잘 살아 본적이 없다고 …. 이에 대한 잠재의식으로 과거 사회주의 혁명은 그 이념상의 구호만으로도 미래에 대한 희망에 부풀어 커다란 저항 없이 광활한 전 러시아로 쉽게 성공을 거둘 수 있었다. 이를 작금의 상황과 비교해 볼 때도 마찬가지가 아닌가 싶다. 구 공산정권이 무너질 때 러시아인은 또 다른 혁명을 생각하고 있었을 것이다. 잘 살 수 있다는 생각 하나만으로 그들은 자본주의를 선뜻 받아들였다.

1933년 노벨상을 수상한 러시아 최고의 산문작가 중의 한 사람이며 사회주의 혁명을 피해 1920년 스페인으로 망명한 부닌

(И. А. Бунин: 1870~953년)의 저서 『죄 많은 날들(окаяные дни)』에서 1917년 혁명 당시의 시대상황을 일기형식으로 잘 묘사하고 있다. 이 책에서 우리가 놀랄만한 것은 그 당시에도 지금과 같이 각종 범죄행위의 빈발과 악덕 상인들의 매점매석, 실업자 증가 등 온통 사회악행이 판을 치고 있었다는 것을 잘 묘사하고 있다는 점이다. 물론 지금과의 상황은 다르지만 이들의 내면적 의식성향의 일면을 잘 표현하고 있다고 생각된다.

러시아 일반 시민들의 정치에 대한 열망은 이들 정치인들과는 달리 그렇게 강렬하지는 않은 것 같다. 오랜 세월 동안 일인독재의 그늘 속에 안주한 탓인지는 몰라도 대다수 시민들은 정치에 그렇게 흥미를 나타내지 않고 있다. 투표율도 과거와 같이 그렇게 높지 않다. 그래서 그런지는 몰라도 대통령선거에서 유효투표자의 50% 이상 투표하지 않을 경우 재선거를 실시한다는 선거법을 만들었다. 이 또한 얼마나 투표에 영향을 줄지는 미지수이다. 일반 국민들이 선거에 대한 관심이 적으면 적을수록 금권·부패·타락선거가 판칠 것이라는 우려가 나오고 있다. 결국 누가 더 많은 자금 줄을 가지고 있는가가 하나의 열쇠가 될 것이다. 그리고 또 한 가지 선거에 부정적인 의식을 가지게 하는 것이 누가 당선되어도 마찬가지라는 포기주의적인 의식이 만연해 있다는 것이다.

아직도 멀기만 한 러시아의 정치 민주화는 동화 속에 나오는 이야기와 같은 알 수 없는 공간을 헤매고 있다.

3장

러시아의 문학과 예술

1. 문학과 예술에 대한 열정
2. 러시아의 예술
   황금의 호흐로마
   고로재츠(Городец)의 조각예술
   보고로드스끼의 장난감
   마뜨료쉬까 / 도자기 / 그젤의 담청색
   딤코프(дымков)의 장난감
   금속 및 석조가공 예술 / 우랄의 자연석
   패도스끼노의 옻칠 세공품 / 빨래흐의 보석함
   조스또프(Жостов)의 쟁반
   빠블로프(Павлов)의 스카프

1. 문학과 예술에 대한 열정

러시아에서 한 1년 살아보면 왜 그렇게 왕성한 문학적 열기와 예술적 열망이 강하게 나타났는가를 어렴풋이 느낄 수 있으리라고 생각한다. 그들의 문학적 예술적 재능은 차치하더라도 자연 기후조건이 그들을 그렇게 만들 수밖에 없었을 것이다.

러시아 문학과 예술의 고향이라는 뻬쩨르부르그의 기후를 예로 들어보자. 북구지역과 마찬가지로 이곳에도 여름 즉 하지를 전후한 약 4개월은 거의 해가 지지 않는다고 해도 과언이 아니다. 좀 과장된 이야기인지는 모르지만 6~7월에는 한밤중에도 축구를 할 수 있으며, 그림을 그릴 수 있을 정도로 거의 밤이 없다. 이들은 이때 무엇을 생각할까? 반대로 겨울에는 거의 낮이 없을 정도로 긴긴 밤이 연속된다. 아침 10시정도 해가 떠서 오후 서너 시가 되면 해가 진다. 무료한 겨울밤을 보내기 위해서는 무엇인가

흥미 있는 것을 개발하여야 한다. 각종 무도회며 음악회, 연극, 오페라, 발레 등이 겨울밤의 무료함을 달래주기에는 안성맞춤이었을 것이다. 이런 연유로 기후 조건이 인간생활의 정신적 영역에 가장 지대한 영향을 미친 곳이 바로 러시아가 아닐까 싶다.

그러나 이에 대해 러시아인들은 분명히 반대의견을 제시할 것이다. 고대로부터 내려온 그들의 우수한 문학적 예술적 재능을 첫 번째로 언급할 것이며, 슬라브인들의 예술에 대한 존경과 사랑을 두 번째로 이야기할 것이다. 첫 번째의 주장에 대해서는 어떻게 대변할 근거가 부족하지만 두 번째의 주장에 대해서는 길가는 아이들도 쉽게 대답할 수 있을 것이다. 일예로 2차대전시 독일군이 러시아를 침입하였다. 당시 러시아인들은 후퇴하면서도 모든 예술품을 첫 번째로 기차에 실어 시베리아로 이송하여 그곳에 비밀리에 보관하였으며, 운송하기 힘든 조각상 등은 땅속에 묻어 두었다가 전쟁이 끝나 후 다시 원래대로 배치하였다. 또한 전쟁 중에 파괴되거나 붕괴된 건물이나 조형물은 전후 오랜 기간에 걸쳐 원래 상태로 복원하였으며 이러한 복원사업은 지금까지도 계속되고 있다 하니 그들의 뚝심에 다시 한 번 경의를 표할 수밖에 없다.

문학가, 음악가, 화가 등 예술인들에 대한 존경심 또한 각별하다 "삶이 그대를 속일지라도 결코 슬퍼하거나 노여워하지 말라"로 우리에게 너무나 낯익은 러시아의 국민 문학을 창조한 푸시킨(Пушкин: 1799~1837년), 영원한 저항시인 래르몬또프(Лермонтов: 1814~1841년), '백조의 호수' '예브게니 오네긴' 등을 작곡하여 러시아 음악을 국제적 수준으로 높인 작곡가 차이코프스끼(Чайковский: 1840~1893년), '볼가강의 뱃사공'으로 유명한 화가 래핀(Репин: 1844~1930년) 등 수많은 예술인들이 오늘날까지도 민중들의 마음속에서 활동하고 있으며 이들의 마음을 사로잡고 있다.

2. 러시아의 예술

러시아는 장구한 세월 동안 숙련된 도공들로 유명하다. 예술적인 여러 가지 직업들은 러시아인들의 높은 정신 문화재 중의 하나이다.

러시아 도공들의 수공예품들은 다른 나라들에도 잘 알려져 있다. 여기에는 그잴(Гжель) 마을의 찻잔, 호흐로마(Хохлома) 마을의 숟가락, 보고로드스끼(Богородский)의 장난감, 조스토프(Жостов)의 쟁반, 빨래흐(Палех)의 세공품, 패도스키노(Федоский) 의 칠기(옻) 등이 있다. 러시아 박물관이나 일반 시장에서 이러한 세공품들을 흔히 볼 수 있으며 그 속에는 오랜 전통이 담겨져 있다. 그리하여 오늘날에도 그의 우수성으로 인해 많은 찬사를 받고 있다.

황금의 호흐로마

호흐로마, 이는 니즈니 노보고로드(Нижний Новогород)주(州)의 고대 상업마을의 명칭이다. 강가에 집을 짓고 목기를 만들어 옻칠을 한 천재적인 도공에 관한 전설은 지금까지 이 지역에서 회자되고 있다. 17C에 이 지역은 상업도시로 발전하게 되었고 여기서 금도금 도기를 생산, 러시아 전역에 판매하였다.

고대 성상화가들은 은가루로 자기 표면에 배경색을 넣고 그 위에 옻으로 칠하여 불에 굽는 자기제조 기술이 있었다. 옻칠한 표면은 고온처리로 인하여 금빛 음영이 나타나게 된다. 현대의 도예공들은 이러한 선조들의 기술을 잘 보존하고 있다.

도공들에게는 많은 어려움이 따르며 많은 시간의 수고를 필요로 한다. 보리수나무를 세공하여 건조시킨 후 옥토(沃土)로 얇게 덧칠을 한다. 그 다음에 아마 기름을 칠하고 다시 건조시킨 후 니스로 3~4번 덧칠한다. 그러나 마지막 니스를 칠한 후 비교적 비싼 은가루나 주석을 대신하여 알루미늄 가루를 붙이기 위해 완전히 말리지 않는다. 그 위에 다람쥐꼬리로 만든 붓으로 유화를 그린다. 금색 바탕에 적색과 흑색을 사용하여 얇게 그림을 빨리 그리고 난 다음 니스를 칠한 후 불에 굽는다. 높은 열(섭씨 150도)의 영향으로 니스는 하얗게 변하게 되며, 니스 안쪽의 알루미늄 층은 금색으로 나타나게 된다.

호호로마의 자기는 아름다울 뿐만 아니라 견고하다. 도공들의 말에 의하면 이 자기는 어떠한 더위와 추위에도 변하지 않는다고 한다. 심지어 끓는 물에도 니스가 벗겨지지 않으며 그림이 지워지지 않는다. 오늘날에도 도자기 산업은 새로운 발전을 거듭하고 있다. 그 예로 니즈니 노보고로드주(州) 내 새미노(Семино) 마을에는 도자기 공장이 세워졌고, 공장 안에 미래의 도예공 양성을 위해 예술학교를 설립하였다.

고로재츠(Городец)의 조각예술

니즈니 노보고로드에 위치한 고로재츠 마을은 모스크바 창건자인 유리 돌고루끼에 의해 1152년 창건되었다. 고로재츠의 장인들은 나무 조각으로 유명하며 그들은 집 건축제품을 조각하고 물레, 자기, 장난감을 만들었다. 또한 그들은 독창적인 형태로 새(올빼미), 인어(물의 요정)를 조각하였다. 이렇게 하여 조각예술은 한층 진보되었으며 더 복잡하고 더 정교하게 되었다.

뽀뜨르 1세 치하 때 러시아 함대 건조에 고르재츠 마을도 커다란 역할을 담당하였다. 이 마을에서 나무를 조각하고 그림을 그리는 작업을 수행하였다. 19C에는 물레를 만들었으며 오늘날에도 어린이 의자, 흔들의자, 식기 등을 제작하고 있다.

보고로드스끼의 장난감

오늘날까지도 익살스러운 나무 장난감을 제조하고 있는 보고로드스끼 마을은 모스크바 근교의 뜨로이쩨 - 새르기예브나 수도원(14C에 창건한 러시아 4대 수도원 중의 하나)에서 그리 멀리 떨어지지 않은 곳에 위치해 있다. 여기에서 말, 곰, 토끼, 사자, 암탉, 수탉의 나무목각을 조각하여 일요일이나 휴일에 유명한 수도원의 담장가나 시장에 내다 팔았다.

15C 보고로드스키 마을은 러시아 문화 중심도시의 하나였다. 그 예로 유명한 성상화가 루블료프(А. Рублев), 나무조각가 암브로시(Амвросий) 등이 이곳에 살면서 예술작업에 몰두하였다. 그 후에 차츰 나뭇조각 예술학교도 생겨나게 되었다.

보고로드스끼 조각가들의 성공의 비결은 도대체 어디에 있는가? 무엇보다도 이들은 민중의 해학을 잘 이해하고 있었기 때문이다. 이들은 장난감을 '익살꾼'이라고 불렀다. 조각가들은 처음에 여러 가지 형태로 민중의 생활상과 성직자들의 모습을 풍자한 목각인형을 조각하였으나 1812년 후에는 기병이나 요염한 부인네들을, 그 후에는 상인, 관리 등을 풍자하여 조각품을 만들었다.

현재 보고로드스끼의 장난감은 두 가지 형태 즉 순수 조각품으로서의 장난감과 사회풍자 표현으로서의 장난감 조각 전통이 보존되고 있다.

마뜨료쉬까

마뜨료쉬까(나무로 만든 목각인형으로 얇게 깎아 여러 개를 씌워 놓은 인형)는 러시아를 방문하는 많은 외국인들이 구입해 가는 가장 인기 있는 기념품이다. 각종 국제전시회나 국제 경연대회에서 마뜨료쉬까가 상이나 메달을 획득한 적이 한두 번이 아니다. 마뜨료쉬까의 유래는 러시아 고대의 민화나 전설에 기원된다고 할 수 있다. 그러나 이 나무인형이 만들어진 것은 기껏해야 100년 정도이다. 즉 이는 러시아 예술가인 새르게이 마류찐(С. Малютин: 1859~1937년)의 발명품으로 인정되고 있다.(달걀과 일본식 장난감의 모형이 됨)

속을 알 수 없는 러시아인을 상징하는 마뜨료쉬까

마뜨료쉬까는 주로 낙엽수인 자작나무나 보리수나무로 만들어진다. 처음에는 아주 작은 것(1~2cm)부터 시작하여 차츰 조금씩 큰 것을 만들어가며 거의 50개 이상까지 만들 수 있다. 예술가들은 마뜨료쉬까에 사라판을 입히고, 머리에 수건을 씌우며 꽃으로 장식한다. 오늘날 마뜨료쉬까는 모스크바 근교의 아브람째프(Абрамцев), 새르기예프(Сергиев), 니즈니 노보고로드주(州) 바쉬끼리(Башкирий) 등지에서 만들고 있다.

마뜨료쉬까는 1900년 파리 국제 전람회에서 첫 번째로 예술상을 수상하였으며 그 후 일본의 도쿄에서는 길이가 1m나 되는 70개 조각의 마뜨료쉬까를 전시한 적도 있었다.

도자기

인간이 최초로 점토를 발견했을 때는 아무도 어떻게 해야 할지를 몰랐다. 단지 축축한 덩어리를 손으로 엇게여 곡식을 담는 용기로 만들어 사용하였다. 이때는 단지 손으로 만든 그대로 햇빛에 놓아두면 점토가 마른 후 단단해진 것을 용기로 사용하였다. 이후 인간은 점토를 더욱 단단하게 하기 위해 불에 굽는 방법을 알게 되었으며, 이것이 제2의 발견이었다. 이때부터 백점토(백도자기)가 나타나기 시작하였다.

러시아의 중부지역인 랴잔주(州)에 스꼬삔(Скопин)이라는 작은 도시가 있다. 전해 내려오는 이야기에 의하면 언젠가 이 지역에 스꼬빠(Скопа: 물수리새)라는 커다란 새가 살았는데 곧 사라지고 이 새의 모습이 스코핀의 독특한 도자기 제작형태를 나타내는 하나의 형상으로 남게 되었다. 이 지역의 백점토로 항아리, 컵, 촛대 등 가정생활 도구를 이 유명한 새의 형상을 바탕으로 제작하였다. 스코핀의 도공들은 이 새의 형상을 담은 자기에는 신비하고 믿기 어려운 무엇이 담겨져 있다고 믿었다. 즉 이것은 이 도자기가 자신을 지켜준다는 일종의 기복신앙과도 같은 것이었다.

19C 중반 유명한 도자기 기술자인 이반 오보다(И. Овода)가 아들과 같이 스코핀에 살면서 이 신비한 색깔을 내는 유약의 비밀을 밝혀내기로 결심하였다. 그러던 어느 날 사람들은 오보다의 대문 위에 노란, 파란, 밤색으로 칠해진 새로운 도자기가 걸려 있는 것을 보았다. 이리하여 이 비법은 곧 널리 다른 사람들에게 알려져 발전을 거듭한 끝에 진정한 예술의 탄생을 가져오게 되었다. 이후 사자, 곰, 용, 새 등 여러 가지 형상을 그려 넣은 항아리들이 나타났다. 스코핀은 특별한 도자기 제조기술을 보유하고 있으며 이의 도자기는 전 세계에 독자적인 도자기의 한 형태로 알려져 있다.

그젤의 담청색

화려한 푸른 바탕색을 칠한 그젤의 담청색 도자기는 러시아뿐만 아니라 해외에서도 큰 인기를 얻고 있다. 그 명성은 매우 많은 장식그림을 그리나 반복하지 않는다는 데 있다. 그젤에서 만드는 도자기는 주로 꽃무늬로 장식을 하며 한 가지 색채(푸른 담청색)만을 사용한다. 단지 색 농도의 강약으로 즉 진하게 혹을 밝게 하여 아주 풍부한 색감을 나타내고 있다.

그젤이란 명칭은 이러한 형태의 도자기들이 모스크바주(州) 라맨(Рамень)지역에 있는 '그젤'이란 마을에서 만들어졌던 데서 유래한다. 처음에는 단순한 용기나 장식용 벽돌, 기와를 제작하였다. 또한 18C 중엽 마졸리카 도자기(이태리산 도자기) 형태의 독특한 자기를 생산한 러시아 최초의 도자기 생산공장 중의 하나를 세운 모스크바 상인 그래밴쉬코프(А. Гребенщиков)의 이름에서 그젤이란 명칭의 나왔다고도 한다. 점차 그젤 사람들은 식탁용기, 접시, 항아리, 장식용 접시, 꽃병, 각양각색의 장난감 등을 만들었다.

20C에 뛰어난 러시아의 도공인 배싸르보바(Н. Бессарбова)는 새로운 시대에 부응하는 독창적인 형태의 도자기들을 제작하였다. 그러나 근본적으로 푸른 담청색이 도자기 표면을 장식하는

그젤의 담청색 도자기

주된 색채였다.

딤코프(Дымков)의 장난감

러시아에서는 오래 전부터 점토로 만든 장난감을 생산하였다. 그 중 필리모코프(Филимоков), 까르고뽈리(Каргополь), 아바쉐프(Абашев) 지방의 장난감이 특히 유명하였다.

현재는 뱌뜨까(Вятка)시(市)에서 가까운 곳에 위치한 딤코프 마을의 장난감이 가장 광범위한 인기를 얻고 있다. 이 마을에서는 장난감을 만드는 일은 거의 가업으로 대대손손 이어져 내려왔다. 장난감을 만드는 것은 일종의 장식업이며 점토조각 예술이다. 즉 높이 최고 25cm에까지 이르는 사람이나 짐승의 모습을 한 점토 위에 흰 바탕색을 칠하고 그 위에 여러 가지 색깔로 장식한다. 딤코프의 장난감들은 전통적으로 기마상, 수탉상, 거위상, 오리상, 황금색 뿔의 양 모양 등의 동물들을 묘사하였다. 이렇게 장난감의 소재는 다양하였다. 그 중에서도 양 볼에 연지를 찍은, 밝고 새빨간 옷으로 치장한 여성상이 돋보인다. 대개 우산을 들거나 어린이의 손을 잡거나 물을 긷는 모습이다.

딤코프의 장난감은 밝으며 여러 가지 표정으로 간단하게 명랑한 모습을 나타낸 데서 그 매력을 느낄 수 있다. 이러한 장난감은 선물로 주고받을 수 있으며 러시아의 독특한 기념품 중의 하나이다.

금속 및 석조가공 예술

금, 은을 검은색으로 만드는(흑금상안: 黑金象眼) 장식예술은 벌써 끼예프 루시시대에 유명하였다. 끼예프, 체르니고프(Черников), 수즈달(Суздаль)같은 도시에 훌륭한 금, 은세공 기술자들이 거주하였다.

18C 우스뚜크(Устюг)에서 발생한 은을 검게 하는 장식예술은 특별한 흥미를 갖게 한다. 이를 이용하여 장식용 컵, 포도주잔, 칼, 포크, 숟가락, 담뱃갑, 단추, 브로찌, 반지, 꽃병, 장식접시 등을 만들었다. 이러한 제품은 오늘날에도 유일하게 우스뚜크(볼로고드스끼주)의 협동공장에서만 제작하고 있으며, 뛰어나고 수준 높은 세공기술, 장식의 우아함과 간결성으로 독특한 미를 간직하고 있다.

은을 검게 하는 작업은 고도의 복잡한 작업으로 세밀한 금속처리를 하기 위하여 정확한 화학적 지식뿐만 아니라 물질을 다루는 숙련된 기술을 요한다. 검은 은은 92%의 은, 납, 구리, 유황, 암모니아수를 재료로 하여 만들어진다.

우랄의 자연석

러시아를 방문하여 박물관을 구경하면 우윳빛 흰색과 장밋빛

꿀색의 돌로 만들어진 작은 형상들(다람쥐, 강아지, 물고기, 토끼, 작은 상자, 분통이나 재떨이 등)을 자주 보게 될 것이다. 이러한 형상들은 아주 연한 돌인 설화석이나 투명석으로 만들어졌다.

빼째르부르그, 모스크바, 예까쩨린부르그나 그 외 다른 도시들의 궁전에서 검은색을 띤 청죽(菁竹)색이나 다른 여러 가지 색깔의 벽옥(碧玉)으로 만든 아주 커다란 장식용 꽃병, 찻잔들을 쉽게 볼 수 있으며, 또한 흰 대리석으로 만들어진 궁전의 계단, 기둥, 난로 등을 발견할 수 있을 것이다. 이러한 천연보석들은 모두 우랄 지방에서 생산된 것이다.

러시아의 보석상점에서 우랄 지방의 천연보석으로 만든 장식품들을 쉽게 찾아 볼 수 있을 것이다. 천연보석을 이용한 조각예술은 약 300년 이전부터 우랄 지방에서 나타났다.

오늘날 에메랄드, 루비, 자수정, 남옥 등을 가공하는 '우랄의 천연보석' 가공공장이 활발하게 가동되고 있으며 이 지방의 유명한 보석들로는 장미석, 공작석, 백옥, 황옥 등이 있다.

패도스끼노의 옻칠 세공품

모스크바에서 약 35km 떨어진 패도스끼노 마을은 러시아의 아름다운 옻칠세공품의 옛 중심지로서, 러시아 옻칠세공품의 고향으로서 각광을 받고 있다. 이 마을에는 옻칠세공장이 있으며 미래의 예술가들을 키워내기 위한 학교도 있다.

이 마을의 옻칠세공업은 18C 말엽에 발생하였다. 처음에는 담뱃갑을 만들었으나 차츰 담뱃갑 유화로 정밀화를 그려 넣게 되었다. 점차 이 세공회화술은 발전하게 되었으며 그 후 독특한 패도스끼노 양식을 개발하였다.

예술가들은 아주 섬세하게 모스크바의 크레믈린이나 러시아 각 도시에 있는 아름다운 사원, 멋진 건축물들을 그렸으며 때때로 농촌 생활풍경(산보, 유락, 마차 타는 모습, 러시아의 춤, 사모바르(самовар: 러시아 특유의 물 끓이는 주전자)와 함께 농촌의 풍경, 다과회 등)을 묘사하였다.

사모바르

3장 러시아의 문학과 예술 119

빨래흐의 보석함

옻칠세공회화술로 가장 이름난 도시로 이바노브스끼(Ивановский)주의 빨래흐 마을이 있다. 빨래흐 마을의 유래는 18C로 거슬러 올라가며, 그 당시 이 마을의 예술가들은 성상을 주로 그렸다. 이런 측면에서 지금의 빨래흐 보석함에서 성상화술과 유사한 점이 많다는 것을 감지할 수 있을 것이다.

현재 이 마을의 예술적 명성은 전 세계에 잘 알려져 있다.
빨래흐의 예술적 표현방식은 여러 가지 측면에서 고대 러시아의 회화양식(장대함과 표정의 풍부함)을 내포하고 있다. 사람의 신장을 길게 그린 모습, 울창한 이국적 숲, 굽이치는 짙은 머리카락, 가는 줄기의 자작나무, 원근법이 사용되지 않은 점, 선명하고 농도 짙은 색, 검은색 바탕을 확실히 구분하는 것, 금빛 도색, 이 모두가 빨래흐 세공품의 특징이다. 하늘에는 찬란한 태양이 빛나고 그 반사된 빛은 모든 물체에 금빛 불꽃을 입힌다.
비록 실제적인 형체라도 마치 동화 속에서 나오는 것처럼 상징적 미를 가미하고 있다.
이러한 보석함을 하나 만들기 위해서는 약 75일이 소요된다. 바늘보다 더 작은 다람쥐꼬리로 만든 붓으로 그림을 그리고 7번이나 옻칠을 한다. 그림을 그릴 때 한 색깔이 다른 색깔에 영향을

옻칠을 세공하여 만든 보석함

주는 것을 방지하기 위해 한 번에 한 색깔을 칠한 후 이 색깔이 마를 때까지 기다린 후 다른 색깔을 칠하는 과정을 반복하기 때문에 많은 시간을 요한다. 빨래흐 보석함의 재료는 나무나 돌이 아닌 빠삐예마쉐(папье-маше: 풀 또는 석고 등을 섞어 이겨 만든 종이덩어리)로 예술가들은 손바닥으로 함의 표면이 반질반질해질 때까지 문지른다.

빨래흐의 예술가들은 탬페라 회화의 기법을 이용하고 있다. 그들의 예술영역은 대단히 광범위하다. 즉 세공그림에서 독창적인 양복장식까지, 러시아의 가무와 이야기의 삽화에서 건물의 외형 장식까지 취급하였다. 이들은 푸시킨과 바조프(Бажов)의 이야기, 이고리공의 원정담에 대한 삽화를 훌륭히 제작하였다. 빨래흐 마을 이외에 이러한 보석함을 제작하는 곳으로 므스쬬르(мстер)와 호루예(хоруе)와 같은 마을이 있으나 그 표현방법에 있어서 확실히 구별되고 있다. 즉 이 두 마을의 표현기법은 보다 실제적인 색채, 원근법 사용, 하늘과 나무 등 풍경화를 주로 그려 넣었다.

러시아의 기념품 가게에서 볼 수 있는 담뱃갑 모양의 함으로 요즈음에는 담뱃갑보다 패물함으로 더 인기가 높다. 함의 표면에 정교하게 그림을 그리고 그 위에 옻칠을 입혀 매우 비싼 가격에 판매되고 있다. 크기는 작게는 성냥갑만한 것부터 크게는 16절지 정도 크기까지 있으며 모양은 둥근 것, 네모난 것이 주류를 이루고 있다.

조스또프(Жостов)의 쟁반

러시아를 방문하면 러시아인들이 차 마시는 것을 매우 좋아한다는 것을 알 수 있으며, 정말로 차는 러시아 사람들의 가장 사랑받는 음료이다.

차는 과일 잼, 빵, 그리고 만두와 함께 마신다. 많은 가정에서 사모바르(самовар)에 물을 끓여 차를 마시는 전통이 아직까지 남아있다. 사모바르는 보통 물이 식탁이나 쟁반에 떨어지는 것을 방지하기 위해 큰 쟁반 위에 놓여 있다. 이 쟁반의 끝 부분에는 거의 표시가 나지 않을 정도로 얇고 가는 금장식 테두리가 있다. 이 쟁반이 바로 그 유명한 조스토프의 쟁반이다.

조스토프의 쟁반

조스토프 쟁반의 역사는 비쉬냐꼬프(Вишняков) 형제가 모스크바에서 그리 멀리 떨어지지 않는 조스토프 마을에 작은 작업장을 만들어 금속 쟁반에 그림을 그리기 시작한 19C 초반까지 거슬러 올라간다. 즉 처음에 은 쟁반을 빠삐에-마쉐로 만들었으나 1830년부터는 금속으로 만들었다. 쟁반의 모양은 여러 가지로 원형, 타원형, 네모형 등 약 30가지 형태의 쟁반이 있다. 이후 많은 사람들이 이 쟁반을 찾게 되고 후에는 이 마을에 '장식회화'공장이 생겨나게 되었다.

이 쟁반은 바로 이 마을에서 전 세계로 수출되고 있으며 런던, 파리, 시드니, 마드리드, 도쿄 등지에서도 볼 수 있다. 쟁반의 바탕색은 보통 검은색이며 가끔 초록색이나 청색 등 다른 색깔도 이용되고 있다. 즉 검은색 바탕의 쟁반의 중간부분에 꽃송이를 그려 넣음으로써 마치 꽃송이가 검은 바탕의 물위를 떠내려가고 있다는 환상을 준다. 이러한 쟁반은 순수 쟁반으로써 실용적으로 사용될 뿐만 아니라 부엌이나 거실의 벽면장식을 위한 장식용으로서도 널리 애용되고 있다.

조스토프의 그림 쟁반은 러시아에서 오직 조스토프에서만 생산되는 것은 아니다. 최근에 우랄 지방이나 따길(Тагил) 지방에서도 이런 형태의 쟁반예술이 번성하고 있다.

빠블로프(Павлов)의 스카프

모스크바 근교의 작은 도시인 빠블롭스끼 빠사드(павловский посад)에 가면 스카프에서 잔잔한 물위로 떠다니는 영롱하고 아름다운 꽃송이를 볼 수 있을 것이다. 이 스카프는 벌써 100년 이상이나 유행하였고 앞으로도 계속 유행할 것이다. 여성들을 위한 가장 멋진 선물이 바로 이 스카프가 아닐까 생각된다.

빠블로프의 스카프는 많은 국제 전시회에서 각종 메달이나 상장을 받았으며 전 세계의 의상 디자이너들은 빠블로프의 회화술을 그들의 작품활동에 많이 원용하였다.

스카프를 펼쳐보면 환상적인 색의 조화를 볼 수 있을 것이다. 즉 조스토프 쟁반에 그려져 있는 검은 물위를 떠다니는 꽃송이가 여기서도 나타나고 있다. 조스토프 예술가들과 마찬가지로 빠블로프 예술가들은 검은 색 바탕에 꽃송이를 밝게 그려넣어 마치 꽃송이가 물에 흘러가는 듯한 환상을 일으키게 하고 있다. 이 스카프에 꽃송이를 배치하는 방법은 여러 가지이며 특히 손으로 그릴 때는 끝이 없다. 그러나 일반적으로 예술가들이 좋아하는 스타일로는 네 귀퉁이에 꽃송이를 먼저 그려넣고 스카프 중간에 따로 꽃송이를 그려 넣는다. 이는 중앙의 꽃송이에서 꽃이 네 귀퉁이로 흘러내려가는 모습을 나타내는 것이다. 이외 몇몇 스카프의 중앙에는 아예 꽃이 없는데 이런 경우는 꽃이 모두 네 귀퉁이로 떠내려가버렸다는 것을 의미한다. 때때로 스카프의 가장자리를 따라 장미꽃으로 연결고리처럼 둘레를 이어 꽃송이를 그린 스카프도 있다.

4장

루스끼(러시아인)의 생활관습

1. 연중 주요 행사
생일날
여성의 날
새해와 성탄절
입학식
2. 미신과 예감
3. 러시아인의 이름

1. 연중 주요 행사

생일날

러시아 사람들은 생일날이나 각종 기념일에 흔히 선물을 주고 받는다. 오늘날에는 집안에서 뿐만 아니라 자신의 직장에서도 동료들과 같이 생일축하 행사를 하고 있다. 이 축하행사의 주인공은 만두, 당과, 맥주 등을 준비해오고 동료들은 서로 돈을 조금씩 모아서 생일선물을 준비한다. 여기에 빠질 수 없는 것이 바로 꽃이다.

꽃을 선물할 때는 꼭 생화를 준비해야 한다. 일반적으로 꽃 한 송이는 잘 선물하지 않는다. 따라서 꽃다발로 선물할 때 특히 주의해야 할 사항이 있다. 바로 꽃다발의 꽃송이가 반드시 홀수(3, 5, 7송이) 이어야 한다는 것이다. 짝수는 장례식 때 바치는 것으로 관습화 되어 있다.

다른 나라들과 마찬가지로 러시아에서도 꽃에 대한 상징적 의미가 붙여져 있다. 흰색 꽃은 청결의 상징으로 결혼하지 않은 처녀들에게 주로 선물하며 이 때문에 약혼녀에게는 대부분 흰 꽃을 선물한다. 붉은색 꽃은 승리, 용맹, 축제를 상징하기 때문에 여자뿐만 아니라 남자들에게도 선물한다. 러시아에서는 매년 5월 9일 전승기념일(대독승전 기념일)에 커다란 축제행사를 치르는데 이때 베테랑 참전용사들에게 붉은색 꽃을 선물한다. 그러나 노란색 꽃은 이별과 배신의 상징으로 간주하고 있기 때문에 그렇게 자주 선물용으로 사용하지 않는다.

러시아인의 생일잔치에는 흔히 부르는 특별한 생일축하 노래가 없으며, 생일 축하케이크도 필수적인 것은 아니다. 만약 생일잔치에 초대받아 생일 축하케이크나 생일 축하노래를 부르는 것을 본다면 이는 빼래스트로이카 이후 근래에 등장한 것으로 특히 어린이들을 위한 것이며, 순수한 러시아인의 일반적 의식이 아니라 하겠다.

생일날에는 가까운 친구나 친지들을 초대하여 손수 차린 음식을 먹으며, 참석자들은 이날의 주인공에게 인생에 참고가 될 만한 이야기, 장점 등 덕담을 해주며 건배를 제의한다. 가까운 사람이라면 이날의 주인공이 좋아하는 음식을 손수 준비해 가는 것도 상대에 대한 경의의 표시라 할 수 있다. 술이 얼큰하게 취하면 흥겹게 노래하고 춤추며 다 함께 생일의 기쁨을 나눈다. 외국인으로 러시아인의 생일잔치에 초대 받았다면 매우 친밀한 관계의 표시라 생각해도 좋을 것이다.

여성의 날

매년 3월 8일이 가까워지면 러시아 남성들은 여성들에게 무엇을 선물해야 하나 고민에 싸인다. 바로 이날이 세계 여성의 날이기 때문이다. 아직도 우리나라에는 익숙하지 않지만 러시아에서는 매우 뜻 깊은 날이다. 즉 과거 우리나라의 '어머니 날'과 비슷하다고 하겠다. 이 여성의 날에 러시아에서 선물을 받지 않는 여성은 아마 한 사람도 없을 것이다. 그만큼 여성들에게는 소중한 날이다. 이날은 각 가정에서 남자들의 손이 바빠진다. 사랑하는 아내와 딸들을 위해 가장은 손수 음식을 만들어 대접한다. 청소도 대신한다. 이날 하루만이라도 부인들은 황후의 대접을 받는다.

이날도 선물은 필수적이다. 선물의 가격은 다양하며 자신들의 호주머니 사정에 따라서 하면 되나 어린 여자아이라 할지라도 빠뜨려서는 안 된다. 꽃은 빠질 수 없는 선물 중에 하나이며 필수적이라 하겠다.

만약 러시아 사람들과 같이 일하고 있거나 공부를 하든지 혹은 러시아 친구들이 있다면 특히 여성들에게 소중한 3월 8일, 여성의 날을 결코 잊지 말기를 바란다. 아무 부담 없이 러시아 여성들에게 호감을 줄 수 있는 절호의 기회라 할 수 있다.

새해와 성탄절

세계 다른 여러 나라들과 마찬가지로 러시아인에게도 새해와 성탄절은 가장 친숙한 축제일이다. 그러나 이때 전통을 중시하는 엄격한 가정이라면 값비싼 선물을 하지 않는다. 단지 어린이들만이 선물을 기대할 수 있다. 이때 어린이들을 위해 특별히 관청에서 조직된 많은 산타클로스 할아버지와 백설 공주가 활동하고 있으며 섣달 그믐날 저녁에 각 가정으로 아이들에게 선물을 전달해 준다. 물론 부모들이 사전에 아이들을 위해 예약하여야 한다. 아이들에게 돈을 주는 것은 그리 습관화되어 있지 않다.

12월 31일(섣달 그믐날)에는 우리나라와 같이 사람들은 밤을 새면서 지나온 한해를 이야기하고 술과 음식을 마음껏 마시며 노래하고 춤춘다. 그믐날 자정에는 새해를 알리는 거대한 불꽃놀이가 진행된다. 하늘에는 온통 형형색색의 불꽃이 수를 놓는다. 사람들은 거리로 쏟아져 나와 환호한다. 그리고 만나는 사람들마다 서로 서로 새해 복 많이 받으라(스노빔 고돔)고 인사를 하며 눈 덮인 거리를 산책한다. 가난한 자든 부유한 자든 이날만큼은 모든 사람들의 마음을 복되게 만든다.

12월 25일 크리스마스 날은 아직까지도 러시아에서는 그렇게 마음에 와 닿는 날은 아닌 것 같다. 조금씩 거리의 상점 등에서 크리스마스 트리 등을 장식하여 축제의 분위기를 돋우지만 이는 상업주의에 의한 발로이며 시민들은 조용한 성탄절을 보내고 있다. 각 가정에서는 욜까(크리스마스 트리)를 만들어 아이들을 즐겁게 해주며 특별한 예배나 기도의식 없이 성탄절을 보낸다. 종교를 부정한 공산주의 덕분으로 대다수 시민들이 아직까지 무신론자로 남아 있으며 빼래스트로이카 이후 교회가 부활되었지만 교회로 이어지는 발길은 아직까지 뜸하다. 또한 러시아 정교회의 성탄절은 구력을 사용하여 현재의 양력보다 13일 늦은 이듬해 1월 7일이다.

입학식

9월 1일은 입학식 날이다. 초등학생들은 선생님에게 선물할 꽃을 준비해 간다. 이것은 러시아 초등학교의 오랜 전통이다. 이때의 꽃은 선물이라 할 수 없으며 선생님에 대한 존경심의 발로라 할 수 있다. 초등학교의 입학식은 참으로 흥미 있다. 이날

아침에 입학생들은 한 손은 부모의 손을 잡고 다른 한 손에는 꽃을 들고 배움의 첫 관문인 학교로 간다. 입학식은 상급생들의 짤막한 입학 환영행사 후, 입학생 중의 한 사람이 첫 번째 종을 울리는 행사를 거행한다. 작은 종을 울리며 운동장을 한 바퀴 돈다. 이 첫 번째 종은 모든 입학생들로 하여금 이제는 학생이라는 의미를 부여하고 있다. 이후 11년이 지나야 마지막 종을 울릴 수 있다. 우리와는 학교교육 체계가 달라 러시아에서는 초.중.고등 과정이 11년제이다. 끝으로 교장선생님의 담임 소개와 더불어 각자 교실로 들어감으로써 입학식은 끝난다.

2. 미신과 예감

독자도 월요일은 다른 요일보다 좀 더 힘든 요일이라고 생각하는지요? 아마도 십중팔구 '예'라고 대답할 것입니다. 이는 생리학적으로 토·일요일 동안 휴식을 취하고 난 뒤이기 때문에 당연히 몸이 찌푸둥할 것이다. 이런 연유로 러시아인은 월요일에 너무 심각한 일을 착수하지 않으려 한다. 예를 들면 월요일에는 의사들은 수술을 하지 않으려고 하며, 선원들 또한 월요일에 항해 나가기를 싫어하며 어떠한 핑계를 대고서라도 항해를 화요일로 미룬다.

선입감, 미신, 예감은 확실한 과학적 근거 없이 다만 입에서 입으로 전해 내려온 금기사항에 대한 일종의 믿음으로 알려져 있다. 이는 러시아인의 일상생활에서 특별한 미신으로 자주 나타나고 있다. 만약 내가 손님으로 초대 받아 갔다고 가정하자. 주인장이 문을 열어줄 것이다. 이때 인사를 위한 악수를 위해 손을 내민다면 주인장은 웃으면서 다음과 같이 말할 것이다. "아니에요. 문지방을 지나기 전에는 악수하는 게 아니에요." 이렇게 말하면서 집안으로 들어오게 한 다음 악수를 청할 것이다. 이는 우리와는 다른 관습으로 일종의 미신이라 할 수 있다.

이에 대한 다른 예로 만약 손님으로 갔다가 자신의 어떤 물건을 잊어버리고 나왔다면 러시아인은 거의가 이를 가지려고 그 집을 다시 방문하지 않는다. 어쩔 수 없이 다시 물건을 가지러 가게 된다면 문지방을 들어서자마자 거울을 보고 나무가구를 두드린다. 그리고 스스로 다음과 생각한다. "뭔가 일어날지 모르니 방심하지 말자." 또 다른 예로 길을 가다가 검은 고양이를 보면 이를 피하여 돌아가며 만약 못보고 이미 지나왔다면 왼쪽어깨 너머로 침을 3번 뱉고 난 뒤 "도와줄 것이다"라고 말한다. 이러한 잠재적인 공포의식은 무언가 기분 나쁜 일을 피해가려고 하며 피치 못해 할 수밖에 없다면 그 예방책을 강구하게 하였다.

편견, 선입감, 예감, 미신은 숫자와 많은 관련이 있다. 서구의 다른 나라와 마찬가지로 숫자 13은 러시아인도 이를 악마의 수로 불운으로 생각하고 있다. 13번의 아파트, 호텔방, 집을 택하지 않겠다는 관념이 그렇게 심각하지는 않지만 13의 금요일은 악마의 금요일로 대단히 기분 나쁜 날이라고 생각한다. 숫자 12와 6은 옛날의 계산 단위로 한 다스, 반 다스를 뜻한다. 주방식기를 산다거나 술잔을 산다면 6개나 12개로 세트가 되어 있다는 것을 쉽게 발견할 것이다. 숫자 7은 좀 특별하다. 고대 러시아어에서 7이라는 숫자는 일주일을 뜻하였다. 7과 관련된 속담도 많이 있다. 즉 어느 한 사람이 초대에 늦다면 '7명이 한 사람을 기다리지 않는다'고 먼저 식사를 시작한다. 이 숫자와 관련 속담으로 '유모가 7명 있으면 오히려 아이는 방치된다.' '7번 생각하고 한 번 자른다.' 등이 있다. 숫자 40은 러시아어 숫자 구성에서 좀 특이하다. 20(двад-цать), 30(три-цать), 50(пять-десят), 60(шесть-десят)… 이 모두 동일한 숫자체계나 40(сорок)은 전혀 이와 다른 형태이다. 이 숫자는 어디에서 나왔는가? 이에 대한 역사적 근거로 고대에 모피가 금전단위로 이용되었을 때 상거래에서 40개의 흑 담비 모피는 한 벌의 옷을 만들 수 있는 양으로 계산한데서 연유한다고 한다. 모스크바를 관광한다면 이곳저곳 산재해 있는 많은 교회를 볼 수 있을 것이다. 이에 안내원에게 옛날에는 얼마나 많은 교회가 있었냐고 질문한다면 안내원은 옛날에 모스크바에는 40 x 40(сорок сороков), 즉 1,600여 개의 교회가 있었다고 말할 것이다.

오른쪽, 왼쪽 방향과 관련된 예감이 제법 있다. 러시아인은 왼쪽은 행운의 방향이라 생각하나 오른쪽은 불운으로 여긴다. 가령 당신이 잘못하여 소금을 흘린다면 러시아인은 "이는 곧 싸울 징조다"라며 이에서 벗어나기 위해 소금 한줌을 왼쪽 어깨너머로 던져버릴 것을 권유할 것이다. 이 외에 이와 관련된 것으로 다음과 같은 것이 있다. 왼쪽 눈이 가려우면 기쁜 일이 생길 것이며 오른쪽 눈이 가려우면 누군가와 다툴 것이다. 왼쪽 손이 가려우면 돈이 들어온다는 징조나 반대로 오른 손이 가려우면 돈이 나간다고 한다. 왼발이 저려 오면 행운이 따르나 오른발이 저려 오면 불운이 예상된다.

손님으로 초대받아 갔을 때 자신의 자리 좌우에 같은 이름을 가진 사람이 앉아 있을 경우 행운이 온다고 한다.

결혼식과 연관된 예감도 있다. 예를 들면 러시아의 유명한 시인 푸시킨이 나탈리아와 결혼식을 거행할 때 예기치 않게 그의 반지가 떨어져 굴려내렸다. 많은 하객들이 "불길한 징조다"라고 수군거리기 시작했으며 신랑은 얼굴이 창백해졌다. 이는 확실히 불길한 징조였다. 불행하게도 이 불길한 징조는 현실로 나타났다. 이후 푸시킨은 자신의 아내의 결백을 위한 단테스와의 권총결투에서 죽고 말았다. 결혼식에서 사제에게로 행진할 때 작은 양탄자를 밟아야 한다. 이때 신랑 신부 중 이 양탄자를 먼저 밟는 사람이 나중에 가정의 주도권을 행사할 수 있다고 한다. 그 예로 톨스토이의 명작 『안나 까레니나』에서 이와 관련한 사실이 잘 기술되어 있다.

새로운 집이나 아파트로 들어갈 때 러시아인은 먼저 고양이를 집안에 풀어놓는다. 이는 행운의 상징인 동시에 집 내부에 있을지도 모르는 나쁜 귀신을 고양이가 물리칠 것이라는 일종의 미신이라 할 수 있다.

이러한 미신, 예감, 선입감, 징조들은 러시아 민족의 심리적 현상이며 민중의 역사, 문화, 구비 전설 등과 밀접한 관계가 있다고 할 수 있다.

3. 러시아인의 이름

인간의 이름, 이는 한 민족 역사의 일부분이다. 바로 이름 속에 러시아인의 습관, 신앙, 희망, 공상과 예술적 창조, 그들의 관계들이 반영되고 있다. 현재 러시아인이 사용하고 있는 이름에 대한 관심은 러시아인뿐만 아니라 외국에서도 대단한 흥미를 불러일으키고 있다.

국제 사회에서 러시아인의 이름은 다른 민족의 이름과는 잘 대비되고 있다. 외국의 학자들은 그들의 언어에서 러시아 이름이 어떻게 불리고 있으며, 어떤 이름들이 유사성을 가지고 있는지 매우 관심이 깊다.

문명사회의 어느 시대, 어느 사회이든지 모든 사람들은 각각 개인의 이름을 가지고 있었다. 개개의 민족에서 이름은 그의 문화, 습관뿐만 아니라 그의 생산성과 세력성장과도 매우 밀접한 관계가 있다. 문명사회에서 어떤 이름이 나타나기 위해서는 확실한 문화적 역사적 제 조건들이 필수적이다. 따라서 많은 이름에는 시대를 대변하는 분명한 흔적이 내포되어 있다.

사람들은 개개인의 이름으로 인간을 칭할 수 있는 모든 단어를 사용하기 시작하였으며, 따라서 모든 단어는 인간의 이름으로 될 수 있었다.

전 러시아인의 성명 체계 구성에 따르면 당연히 이름과 부칭(아버지 이름)에 따라 불리우고 있다. 러시아인에게서 부칭은 지극히 개별적이며 독자적인 특수성을 가지고 있다.

오늘날 러시아인의 약 95%가 과거 러시아 전통달력(교회력과 민간력)의 이름을 지니고 있다. 이들 이름 중에는 널리 알려진 이름도 있고 드물게 잘 알려지지 않은 이름도 있다. 이는 과거 교회력을 사용하면서 교회력에서 많은 이름을 골랐기 때문이다. 1917년 10월 혁명 전에는 유아 세례는 필수적이며 이때 교회에서 널리 사용되고 있는 이름 중에 하나를 작명하여 주었다. 그러나 모든 어린이들에게 동일한 이름을 준 것은 아니며 그 개개인의 특성(가족 내 이름 상황, 주어진 특수상황, 가족전통 등)에 따라 작명하였다. 이런 형태로 지어진 이름 중 남자이름은 '블라지미르, 이고리, 알레그' 그리고 여자는 '류드밀라, 나탈리아, 올가, 따찌아나'가 유명하며 20C 전에는 드물게 사용되었으나 지금은 광범위하게 확산되었다.

또 다른 인기 있는 이름으로 고르재이(гордей), 예브도킨(евдокин), 나자르(назар), 새라핌(серафим), 사밸리(савелий), 아가

피야(агафья), 안토니나(антонина), 다리야(дарья), 지노비야(зиновия) 등이 있으나 지금은 거의 사용되지 않고 있으며, 특별히 두드러지게 널리 확산된 여자이름으로는 배라(вера), 나재즈다(надежда), 류보피(любобь)가 있다. 달력에서 유래한 이름과 더불어 일상생활에서 나온 다양한 민중적인 이름도 많이 사용하였다.

이름은 다양한 형태의 길이(한 음절에서 여섯 음절까지)로 등장되었다. 예를 들면 이브(ив), 가이(гай), 까프르(капр), 끄사느프(ксанф), 패살로니키야(фессалоникия) 등이 있다. 물론 가장 널리 사용한 이름은 2음절, 3음절, 4음절의 이름이었다. 즉 이반(иван), 리지야(лидия), 따찌아나(татьяна) 등이 있으며, 아나스따시야(анастасия), 예까째리나(екатерина), 빤째래이몬(пантелеймон) 등 부르기 힘든 긴 이름도 있다.

역사적으로 러시아인의 이름에는 남자와 여자의 이름이 외양적 형태에서 구별되어 있다. 남자이름은 일반적으로 경자음으로 끝나거나 - 예: 시몬(семен), 아브구스트(август) - 혹은 ИЙ로 - 예: 유리(юрий) - 로 끝나며, 여자이름은 아(а), 야(я)로 - 예: 래나(лена), 발레리야(валерия) - 로 끝난다.

10월 혁명 후 인민들의 모든 생활기반이 붕괴되었을 때 러시아인의 이름분야에서도 현저한 변화가 일어났다. 이 시기에는 주로 혁명가의 이름이나 혁명적인 영웅의 이름을 따서 아이들에게 이름을 지어 주었다. 예를 들면 잔나(жанна) - 프랑스 영웅 잔다르크 -, 마라트(марат) - 프랑스 활동가 -, 이내싸(инесса), 아르투르(артур)와 잼마(джемма) - 소설영웅 -, 스파르탁(спартак) - 로마의 노예폭동의 수령 - 등이 유행한 이름이었다. 이 당시 출현한 이름 중에는 약간 웃음을 자아낼 정도로 너무 현실 지향적인 이름도 있었다. 즉 래발류찌야(ревалюция: 혁명), 콤뮤나르(коммунар: 공산주의자), 악짜브리 혹은 악짜브리나(октябрина: 10월 혁명을 지칭), 마이 혹은 마이야(маия: 5월 노동절), 재까브리나(декабрина: 12월당원) 등이 있었다. 또한 구소연방의 다른 공화국이나 외국에서 나온 이국적인 이름도 널리 확산되었다. 10월 혁명 때에는 종교적 한계로 인하여 독일인의 이름, 몽골식 이름 등이 존재하였으나 러시아인에게는 사용되지 않았다.

역사적으로 러시아인의 이름은 크게 기독교 수용 전, 기독교 수용 후, 1917년 10월 혁명 후의 3단계로 나누어 볼 수 있다. 첫째 단계로, 기독교 수용 전의 시대이다. 동슬라브 지역에서 창조된 고대 러시아어에 독자적인 이름이 사용되었다. 이 시기의 이름은 여러 가지 이유로 일반적으로 이용되는 것이 아니라 마치 별명처럼 불려졌다. 그리하여 적군이나 적대자들에게 자신의 이름을 숨겼다. 고대 러시아 이름은 커다란 관심을 불러일으키고 있다. 즉 러시아 민중언어의 풍부함과 다양한 상상력이 잘 나타나고 있다. 러시아인의 관찰력과 영리함, 친절함과 사교성, 때때로 조금 투박하고 단순하며 독살스러움까지도 잘 나타내고 있다. 이런 측면에서 이름에서 그 사람의 성격을 알 수 있다는 것은 어쩌면 맞을 수도 있다.

이 시기에는 나타난 이름을 보면 다음과 같다.

숫자를 이름에 사용한 예로 뻬르바(перва: 첫째), 브또락(второк: 둘째), 뜨레찌약(третьяк: 셋째), 체뜨배르딱(четвертак: 넷째), 빠딱(пятак: 다섯째), 쉐스딱(шестак: 여섯째), 새막(семак: 일곱째), 오시막(осьмак: 여덟째), 재뱌뜨코(девятко: 아홉째), 재샤또이(десятой: 열째) 등이 있다.

머리카락이나 피부의 색깔에서 따온 이름도 유명하다. 예를 들면 체르늬쉬 혹은 체르나브까(черныш. чернавка: 피부나 머리카락이 검은 사람), 밸 혹은 배략(бел. белка: 피부나 머리카락이 흰 사람) 등이 있다.

사람의 생김새의 모양을 따서 만든 이름으로는 수호이(сухой: 여윈), 똘스또이(толтый: 뚱뚱한), 말(мал: 작은), 자이쯔(заяц: 토끼 같은), 갈라바(голова: 머리가 큰), 배스빨로이(беспалой: 손가락이 없는) 등이 있다

어릴 때 유아의 행동이나 성격에 따라 지은 이름으로는 자바바(забава: 놀기 좋아하는 아이), 크릭(крик: 많이 우는 아이), 말찬(молчан: 말이 없는 아이), 스매야나(смеяна: 웃기 좋아하는 아이), 스미르노이(смирной: 용감한 아이), 갈루바(голуба: 귀여운 아이), 류빔(любим: 사랑스러운 아이) 등이 있다.

태어난 날짜의 특징에 따라 지은 이름으로는 배쉬냑(вешняк: 봄), 지마(зима: 겨울), 마로스(морос: 겨울)이 있다.

이 외에 짐승이나 나무의 명칭을 따서 지은 이름도 있다. 예를 들면 볼크(волк: 늑대), 꼬트(кот: 고양이), 까로바(корова: 소), 배뜨까(ветка: 나뭇가지) 등이 있다.

독창적 특징을 가진 수많은 이들 이름들은 슬라브인들의 일상 생활 어휘의 근본 골간이 되어 널리 확산되었다.

둘째 단계로는 기독교 수용 후의 시대로 러시아의 이름 사에서 오랜 기간 동안에 걸쳐 형성되었다. 이때는 주로 달력(교회력)에 의한 이름을 부여하였다. 이름은 러시아어와 러시아 민중역사의 하나의 구성 요소가 되었다. 달력이름의 역사는 민중언어와 러시아 정교회의 공식적 언어와의 상호 관계를 반영하고 있다. 이는 수많은 이름들의 철자법적인 개조에서, 고대 러시아의 이교도적인 이름을 보존하고자 하는 투쟁에서, 기독교적인 이름과의 영합에서 나타났다.

비록 종교가 몇 가지 방향을 제시하여 주었지만 이교도적이든 기독교적이든 모든 이름은 다양한 민족의 평범한 사람들이 자신의 일상생활 언어에서 선택한 하나의 창작품이었다. 교회력에 의한 기독교적인 이름은 주로 고행자나 순교자의 이름을 따서 지었다. 루시 주민의 그리스도교도화와 세례의식은 새로운 기독교적인 이름으로의 변화를 수반하였다. 이러한 이름은 러시아어로 번역된 것이 아니라 진짜 외래어를 소리 나는 대로 불린 것은 러시아인에게 매우 이상하며 이해하기 힘든 것 중에 하나이다.

새로운 이름의 수용은 러시아 주민들에게 매우 느리게 진행되었다. 17C 전까지 대다수 러시아인은 세례명을 받고 난 뒤에도 자신의 방식, 즉 러시아식으로 아이들을 명명하는 것이 계속되었다. 교회는 고대 러시아 이름을 마치 이교도적인 것처럼 낙인찍어 이를 인정하지 않았다. 바로 이런 점에서 대공 블라지미르 스뱌또슬라비치(владимир святослвич: 978~1015년)에게 바실리(ва силй)라는 세례명이 주어졌으며 그의 할머니 대공비 올가(ольга: 945~964년)에게는 예레나(елена)라는 세례명이 주어졌다.

러시아에서 기독교 수용은 10C에 끼예프공국의 올가 여공 치하 시 최초로 그 시도가 있었으며 그녀의 손자 블라지미르는 비잔틴 제국의 황녀 안나와 결혼하고, 마침내 그의 결단으로 988년에 러시아는 기독교를 수용하고 전체 국민들에게 기독교를 믿도록 명령하고 전 주민들에게 세례명을 내리게 하였다.

12~15C에 걸쳐 기독교적인 이름과 이교도적인 이름의 동화과정이 진행되었다. 15~16C에는 현재와 같은 하나의 민중어로서의 형태로 굳어졌다. 18~19C 어린아이들의 세례에 대한 기록은 많은 관심을 불러일으키고 있다. 이 당시 모든 이름은 개정 정자법에 따라 교회의 이름대장에서 선택해야 했다. 19C 후반 교회는 교회력의 개정을 단행하였다. 이는 옛날 달력에 의해 표기된 이름 표기법의 상이점 제거가 동반되었다. 이를 위해 1891년

새로운 달력이 인쇄되었으며 전 러시아 교구에 새로운 달력을 송부하였다.

고대의 이름명부에는 약 330개의 남자이름과 64개의 여자이름이 등재되었으나 1891년의 새로운 이름명부에는 남자는 약 900개, 여자는 약 250개의 이름이 등재되었다. 이처럼 남자이름이 상대적으로 많은 것은 오랜 세월에 걸쳐 남자들은 법률상의 대표로서 활동하였으며, 가정을 다스리고 사업에 종사하고 전쟁에 참가하고 국가의 공적인 행정업무를 담당한 것에서 기인한다고 볼 수 있다. 이 외 여자들은 주로 가사에 종사하여 공적인 이름의 필요성이 적었으며 공식적인 이름 이외에 가정 내의 애칭을 사용하거나 남편의 이름으로 호칭되곤 하였다. 따라서 공적인 문서에는 대부분 남자들의 이름이 보존되었다.

셋째 단계의 러시아인의 이름의 발전은 1918년 1월 23일 인민위원회의 국가로부터 교회의 분리와 교회로부터 학교의 분리에 관한 법령의 공포로 시작되었다. 이 법령은 부모들이 자식의 이름을 자유롭게 선택할 권리를 부여하였으며 교회의 세례의식 대신에 법률적 시민으로서 출생등록을 의무화하였다. 이때부터 러시아인의 이름에 많은 외래이름이 흘러들어 왔다. 예를 들면 잔나(жанна), 이내사(инеса), 에두아르트(эдуард) 등이 있다. 그리고 새로운 이름들이 소비에트 시대에 많이 생겨났다. 즉 자랴(заря: 새벽노을), 이재야(идея: 이념), 삐오내리이(пионерий: 소년단원), 지나미트(динамит: 다이나마이트) 등이 나타났다.

20세기 중반에 이름 짓기는 과히 그 절정에 달하였다. 새로운 이름은 다양한 형태의 달력에서 인쇄되어 전 러시아로 확산되었다. 예를 들면 볼가(волга: 강 이름), 볼랴(воля: 의지), 두마(дума: 생각), 나우까(наука: 학문), 빠르찌아(партия: 당), 코미사라(комиссара: 인민위원) 등이 유행하였다. 그러나 50년대 중반 이후 서서히 감소 추세를 보였으며 제한된 범위에서나마 다시 과거의 러시아식 이름으로 복귀하였다.

빼래스트로이까(1990년) 이전에 탄생한 아이들 중에는 구소연방 내 다른 민족의 이름들 즉 따따르, 우즈백, 라트비아, 에스토니아 등이 새롭게 나타났다. 이러한 이름은 러시아의 주민들에게는 좀 생소한 것이라 차츰 슬라브 민족의 이름을 사용하게 되었다. 드물게 사용된 외래어에 출처를 둔 이름으로는 래나트(ренат), 루스란(руслан), 안젤리까(анжелика), 비오래따(виолетта), 지아나(диана), 낼리(нелли) 등이 있다. 그러나 이들 이름은 국민

천 명당 2~3명에 불과하였다.

또 한 가지 재미있는 것은 사람들은 자기가 태어난 곳에 대한 경외심과 고향에 대한 향수로 아이들이 출생하면 출생지의 지명을 아이들의 이름으로 지어주었다. 그 일례로 시베리아에서는 이 지역에서 위력 있는 강 이름을 따서 앙가라(ангара), 래나(лена), 아무르(амур), 알단(алдан)으로 부르는 것을 즐긴다. 이와 같이 지명을 따서 만든 이름으로 등록된 것으로 파리쉬(париж: 파리), 프로랜치아(флоренция: 플로렌스), 프룬제(фрунзе), 우랄(урал), 엘리브루스(эльбрус: 까프까스 최고봉 산맥이름) 등이 있다.

무엇보다도 현대 이름의 근본은 과거 달력 이름에 귀결된다고 할 수 있다. 왜냐하면 이 달력 이름은 유기적으로 러시아어 형성체계로 삽입되었기 때문이다. 이외 전통적인 달력이름은 러시아 역사와도 깊은 관련이 있다. 과거 전 세계적으로 유명한 황제들, 장군들, 훌륭한 학자들, 빛나는 예술가들의 이름은 평범한 러시아 사람들에게 이름을 부여하는 하나의 매개체이며 주요한 동기가 되었다. 17C 이후 지금까지 이름 분포를 나타내는 다음의 도표는 이를 잘 대변해주고 있다고 할 수 있다.

<시대별 이름 분포>　　(인구 천 명당)

단위 : 명

구분	이름	17C	18C	19C	1917년 전	1920년대	1960년대
남자	Василий (바실리)	50	47	66	68	10	3
	Иван (이반)	111	100	111	246	18	5
	Михаил (미하일)	23	20	37	38	28	38
	Павел (빠벨)	6	12	29	30	12	12
	Петр (뾰뜨르)	23	22	34	18	14	12
	Степан (스째판)	28	34	33	8	4	2
	Яков (야코프)	19	25	22	10	8	2
여자	Анна (안나)	기록없음	63	64	64	51	12
	Евдокия (예브도끼야)		17	22	8	6	-
	Елена (옐레나)		24	30	32	28	120
	Наталья (나딸리야)		18	21	36	12	108
	Ольга (올가)		15	27	42	30	70
	Прасковья (쁘라스코비야)		34	28	12	3	-
	Татьяна (따찌아나)		18	20	36	16	116

가장 광범위하게 확산된 이름으로

남자: 알렉산드로(александр), 알렉세이(алексей), 드미뜨리(дмитрий), 세르게이(сергей).

여자: 아나스따시아(анастасия), 안나(анна), 예까쩨리나(екатерина), 마리아(мария), 나딸리아(наталья), 올가(ольга), 유리야(юлия).

광범위하게 확산된 이름으로

남자: 안드레이(андрей), 안똔(антон), 아르쫌(артем), 비딸리(виталий), 블라지미르(владимир), 재니스(денис), 예브게니(евгений), 이반(иван), 이고리(игорь), 콘스딴찐(константин), 막심(максим), 미하일(михаил), 니꼴라이(николай), 빠벨(павел), 라만(роман), 스따니슬라브(станислав).

여자: 알렉산드라(александр), 빅또리야(виктория), 다리야(дарья), 옐레나(елена), 이리나(ирина), 크세니야(ксения), 스베뜨라나(светлана).

일반적으로 확산된 이름으로

- **남자**: 아브구스트(август), 아담(адам), 아나똘리(анатолий), 아뽈론(аполлон), 아르까지(аркадий), 보그단(богдан), 보리스(борис), 바짐(вадим), 발렌찐(валентин), 발레리(валерий), 바실리(василий), 빅또르(виктор), 비껜찌(викентий), 블라지슬라프브владислав), 프세볼로트(всеволод), 뱌체슬라브(вячеслав), 겐나지(геннадий), 그레고리(грегорий), 개라심(герасим), 개르만(герман), 글래프(глеб), 고르재이(гордей), 그리고리(григорий), 다닐(данилл), 다브릐냐(добрыня), 예고르(егор), 예핌(ефим), 자하르(зазар), 이그나트(игнат), 이라리온(илларион), 이리야(илья), 이노깬찌(иннокентий), 요세프(иосиф), 끼릴(кирилл), 마뜨베이(матвей), 미로슬라브(мирослав), 나자르(назар), 니끼따(никита), 니꼬짐(никозим), 알레크(олег), 뾰뜨르(петр), 쁠라똔(платон), 쁠라호르(прохор), 라지슬라브(радислав), 라지온(радион), 라스찌슬라브(ростислав), 루슬란(руслан), 사바(савва), 스뱌또슬라브(святослав), 시몬(семен), 스째빤(степан), 따라스(талас), 찌모패이(тимофей), 표도르(федор), 팰릭스(феликс), 필립프(филппп), 유리(юрий), 야꼬브(яков), 야로슬라브(ярослав) 등이다.

여자: 아브구스따(августа), 아다(ада), 아래프찌나(алевтина), 알렉산드라(александр), 알렉산드라아(александрия), 알레나(алена), 알리나(алина), 알리사(алиса), 알라(алла), 알리비나(альбина), 안갤리나(ангелина), 안또니나(антонина), 안피사(анфиса), 아리나(арина), 아엘리따(аэлита), 발렌찌나(валентина), 발레리야(валерия), 반다(ванда), 바르바라(варвара), 바실리사(василиса), 배라(вера), 배로니까(вероника), 빅또리나(викторина), 블라지슬라바(владислава), 갈리나(галина), 지나(дина), 예바(ева), 예브게니야(евгения), 예브도끼야(евдокия), 옐리자베따(елизавета), 지나이다(зинаида), 조야(зоя), 인나(инна), 이야(ия), 까삐딸리나(капиталина), 까리나(карина), 까쩨리나(катерина), 끼라(кира), 끌라브지야(клавдия), 끄리스찌나(кристина), 라다(лада), 라리사(лариса), 리지야(лидия), 릴리야(лилия), 류보피(любовь), 류드밀라(людмила), 마이야(майя), 마르가리따(маргарита), 마리나(марина), 밀라나(милана), 나재즈다(надежда), 나스따시야(настасья), 니까(ника), 니낼리(нинель), 논나(нонна), 악사나(оксана), 알래샤(олеся), 뿔리나(полина), 라다(рада), 라드밀라(радмила), 라이사(раиса), 래기나(регина), 림마(римма), 루피나(руфина), 새라피나(серафима), 시모나(симона), 슬라뱌나(славяна), 스내자

4장 루스끼(러시아인)의 생활관습 153

나(снежана), 소피아(софья), 수산나(сусанна), 따이시야(таисия), 따마라(тамара), 울리아나(ульяна), 파이나(фаина), 흐리스찌나(христина), 엘리미라(эльмира), 에멜리야(эмилия), 야나(яна), 야니나(янинна), 야로슬라바(ярослава) 등이다.

드물게 사용된 이름으로

남자: 아브끄샌찌이(авксентий), 안드로니크(андроник), 아리안(ариан), 아르히프(архип), 바젠(бажен), 배내직트(венедикт), 비싸리온(виссарион), 블라스(влас), 가브릴(гаврил), 가락찌온(галактион), 개리(гелий), 고리슬라브(горислав), 다비트(давид), 지아미트(диамид), 대미얀(демьян), 지아니스(дионис), 예브도낌(евдоким), 예프렘(ефрем), 이즈마일(измаил), 요안(иоан), 까시얀(касьян), 끼르(кир), 끌리맨트(климент), 류보미르(любомир), 막시밀리얀(максимильян), 미론(мирон), 모재스트(модест), 므스찌슬라프(мстислав), 니꼴라(никола), 아래스트(орест), 빨라지(палладий), 라지(радий), 류릭(рюрик), 사벨리(савелий), 사무일(самуил), 스배또자르(светозар), 새배린(северин), 새라피온(серапион), 실리배스트르(сильвестр), 뜨랜찌(трентий), 찌혼(тихон), 뜨로핌(трофим), 우수찐(устин), 팔재이(фалдей), 프롤(фрол), 에라스트(эраст), 야누

아르(январ) 등이다.

여자: 아밸리나(авелина), 아브도찌아(авдотья), 아그내사(агнесса), 아자(аза), 악시니야(аксинья), 아뽈리나리야(апполинария), 아리아드나(ариадна), 바싸(васса), 비스나(весна), 간나(ганна), 글라피라(глафира), 이리아나(илиана), 래니아나(лениана), 루깨리야(рукерья), 마그다리나(магдалина), 밀로슬라바(милослава), 니꼴리나(николина), 올림피아다(олимпиада), 뺄라개야(пелагея), 록사나(роксана), 사비나(сабина), 플로라(флора), 체슬라바(чеслава) 등이다.

타민족의 이름에서 연유한 이름으로

남자: 아란(алан), 아림(алим), 아리쉐르(алишер), 알베르트(альберт), 알프래드(альфред), 아람(арам), 아르맨(армен), 아르뚜르(артур), 아흐매트(ахмед), 바르딴(вартан), 바흐(вах), 가이다르(гайдар), 갠리흐(генрих), 이브라김(ибрагим), 이스깐재르(искандер), 래오나르트(леонард), 무슬림(муслим), 마르스(марс), 니자미(низами), 오마(ома), 라이몬트(раймонт), 리차르트(ричард), 로배르느(роберт), 루돌프(рудольф), 시기즈문트(сигизмунт), 스빠르딱(спартак), 찌그란(тигран), 프리드

리흐(фридрих), 샤밀(шамиль), 에트가르(эдгар), 에두아르트(эдуард), 엠마누일(эммануил), 에리흐(эрих), 에르내스뜨(эрнест), 야니스(янис) 등이다.

여자: 아젤(адель), 아이다(аида), 아자리야(азалия), 안젤리까(анжелика), 배아따(беата), 배내라(венера), 개르뜨루다(герт루다), 귤리나라(гюльнара), 다릴라(далила), 지아나(диана), 도라(дора), 잔나(жанна), 잼피라(земфира), 줄리피야(зульфия), 이배따(ивета), 이자벨라(изабелла), 인가(инга), 라우라(лаура), 루이자(луиза) 등이다.

5장

러시아 현장체험

1. 공동주택(коммунальная квартира)과 아파트
2. 생존전략
   금전 문제
   안전 문제
   건강 문제
   길을 걸을 때
   쇼핑할 때
3. 3번 이상 부탁하자
4. 정에 약한 러시아인
5. 이범진 공사의 흔적
6. 고려인의 서러움
7. 극동의 진주 블라디보스톡의 추억

1. 공동주택(коммунальная квартира)과 아파트

러시아어를 공부한 사람이나 러시아를 방문한 사람, 혹은 러시아에 관심이 있는 사람이면 이 공동주택이란 단어를 접하게 될 것이다. 그러나 막상 공동주택이 무엇이냐고 물으면 답변하기가 난감할 것이다.

주택이면 주택이지 도대체 공동주택은 무엇인가? 공동으로 지은 집을 말하는가? 아니면 공동으로 사는 집을 말하는가? 여러 가지로 생각을 해보아도 뾰족하게 답이 안 나오는 게 당연하다. 왜냐하면 그 기원을 모르기 때문이다.

이 공동주택의 발생 배경을 거슬러 올라가면 1917년 러시아 혁명에 귀착된다. 즉 제정 러시아 시대에 많은 농노들, 공장 근로자들, 하물며 시민들조차도 집이 없는 사람이 태반이었다고 한다.

이들은 마구간이나 간이숙소에서 기거하면서 노동을 하였으며 거의 짐승에 가까울 정도로 어려운 생활을 영위해야만 했다. 그런데도 황제 측근의 귀족들은 호화생활을 일삼으면서 그들의 농노들에게는 기본적인 생활조차도 보장해주지 않았다. 또한 공장주들은 정치권력과 결탁하여 노동자들의 임금을 동결하여 노동자들의 불만이 고조되었다. 사가(史家)들에 의하면 당시 굶주린 백성들이 겨울궁전(황궁)으로 찾아가 자비로운 황제에게 제발 먹고 살 수 있을 정도만이라도 해달라고 간청하였다.

그러나 러시아의 마지막 황제인 니콜라이 2세는 백성들의 의도를 오판, 시정잡배들과 반역도당들이 궁중을 침입하고 있다는 신하의 보고를 받고 발포를 명령하였다. 이에 성난 군중들은 겨울궁전을 점거하고, 일반 귀족들의 궁전에도 침입하게 되었다. 이들은 99간의 귀족들의 집에 들어가 먼저 식기 등 중요 물품들을 챙기고 난 다음 각자 한 방씩 들어가 살림을 차리게 되었다. 많은 방들 중에 한 방을 차지하게 되었으나 즉 잠자리는 마련하였으나 밥을 해 먹고, 세수를 하고, 화장실을 이용하는 것이 문제가 되었다. 당시 대개 귀족들의 일반적 생활상을 짐작하면 쉽게 답이 나올 것이다. 당시 가옥 구조로 볼 때 귀족들은 식당과 화장실은 분리되어 있는 것이 일반적이다.

이런 상황에서 그들은 부엌과 화장실을 같이 쓸 수밖에 없었다.

그들은 잠은 각자의 방에서 자고 밥을 해먹을 때는 한 식당에서 같이 할 수밖에 없었고 화장실도 같이 사용할 수밖에 없었다. 바로 이런 연유에서 공동주택의 기원을 찾을 수 있다.

혁명 후 집권 공산주의자들은 당시 심각한 주택난을 해소하기 위해 공동주택제도를 많이 보급하였기 때문에 그 후 건축된 많은 아파트가 공동주택 아파트의 형식을 띄게 되었다.

개방 이후 건축한 아파트는 거의가 독립된 부엌과 화장실이 갖추어져 과거의 불편을 찾아 볼 수 없지만, 반면 새로운 문제들이 나타나고 있다. 공산시대의 국가경제체제에서 시장경제로 바뀜에 따라 신규 아파트를 건축할 자금력 부족으로 또다시 주택난을 겪고 있다. 갓 결혼한 신혼부부들이 과거처럼 싼값으로 아파트를 국가로부터 분양받는다는 것은 옛날이야기이고 이제는 본인들이 직접 아파트를 구입해야 하나 이 또한 꿈같은 이야기이다.

그들은 양가부모 중 그래도 넉넉한 집안은 염치 불문하고 부모에게 신세를 지고 있는 실정이며, 부모들도 이에 대하여서는 비교적 관대한 편이다.

현재 러시아의 주택거래 상황을 살펴보면 법적으로는 내국인 매매뿐만 아니라 외국인도 자유롭게 사고 팔 수 있도록 개방되었다. 따라서 돈만 있으면 얼마든지 아파트를 살 수 있으나 러시아 젊은이들에게 현실적으로는 거의 불가능한 상태이다. 이에 대한 방책으로 부모들은 시내 중심에 있는 자기 집을 팔아 도심에서 벗어난 외곽지에 값싼 아파트를 구입한 뒤 여윳돈으로 자녀들의 새 살림을 도와주고 있다고 한다. 반면 신흥 갑부들(주로 사업이나 장사를 하여 돈을 번 사람들)은 비싼 아파트를 장만하여 자녀들의 결혼선물로 주기도 한다.

주택거래 가격은 빼째르부르그市(러시아에서 두 번째로 큰 도시)의 사정을 볼 때 '91~'92년까지만 해도 방 하나짜리 아파트 (10평 내외) 가격이 일반적으로 1,000~2,000$ 수준이었으나 '94~'96년에는 15,000~25,000$로 인플레이션이 심화되었다. 다른 물가와 마찬가지로 주택가격이 이렇게 상승하자 연금을 받아 생활이 어려운 노인층들은 아예 아파트를 팔아 시골로 이사하여 그 돈으로 생활을 하고 있는 이들도 있다. 또한 약삭빠른 시류에 밝은 아줌마들은 자기가 살고 있는 아파트를 외국인들이나 지방거주 장사꾼, 혹은 사업가들에게 세를 주고 친척집이나 친구 집, 도심에서 멀리 떨어진 다차(일종의 별장으로 러시아인은 주말이나 휴가기간 중 이곳에 머물면서 작은 텃밭에 배추, 무 등을 재배함)에 거주하면서 방세 받은 돈으로 다른 곳에 투자하기도 한다.

이에 따라 아파트 임대차 중개소가 우후죽순 격으로 생겨나 내외국인들에게 구미에 맞는 아파트를 소개해주고 그 중개료로 방세 한 달 치를 세입자로부터 받고 있다. 전에는 처음 러시아에 온 사람들이 방을 얻는 것이 가장 어려운 일이었으나 지금은 광고전문 신문을 구입하여 전화를 하면 비교적 쉽게 아파트를 임대할 수 있을 것이다.

일반적으로 아파트 중개소를 통하면 방세는 시중시세에 비해 조금 비싸지만 안전하고 쉽게 얻을 수 있다. 아파트 임대가격은 지역과 크기에 따라 크게 차이가 난다.

그러나 만에 하나 불행한 사태를 방지하기 위해서는 중개인이 소개해주는 집일지라도 집주인이 한 명인지 아니면 여러 명인지, 집주인이 안정된 직업을 가지고 있는지, 집주인의 성격은 어떠한지, 중간에 가격인상을 하지 않는다는 조건을 수용해줄 수 있는지를 미리 물어보고, 마지막으로 부동산 중개소는 공신력이 있는지를 최종적으로 확인하고 계약하는 게 보다 더 안전한 방법일 것이다.

서구화 바람이 들어오고 서구의 물품들이 범람하게 됨에 따라 러시아인도 주택에 대한 의식구조도 바뀌어 가고 있다. 과거에는 주로 주거개념에서 아파트를 생각하였으나 요즘은 소유개념, 부의 축적수단으로 여기는 경우가 더 많다. 그 한 예로 장사를 하여 돈을 제법 모은 사람들은 은행에 저축하기보다 싼 아파트를 구입한 후 내부구조를 새로이 꾸며 다른 사람들에게 임대 주는 경우가 다반사이다. 이들은 아파트를 세주어서 돈을 벌고 급격히 상승하는 물가에 맞추어 아파트 가격이 인상되면서 득을 보게 되어 이중으로 돈을 벌고 있다. 이는 러시아에서도 과거 우리나라와 같이 아파트에 대한 투기 현상이 나타나고 있음을 단적으로 보여 주고 있다.

러시아의 아파트에서 볼 수 있는 특징적인 것으로는 여러 가지가 있으나

첫째, 러시아를 여행할 경우, 먼저 대부분의 아파트 1층이 상점으로 사용되고 있는 것을 목격할 수 있다. 이는 과거 공산당 시절 모든 아파트의 1층은 주민편의 식료품점, 잡화점, 가구점 등 가게로 이용해야 한다는 공산당의 기본지침에 따라 1층은 주택개념이 아니고 주민편의점용으로 사용되어 아직까지도 이러한 제도의 잔재가 남아있다.

둘째로 들 수 있는 것이 각 가정의 출입문에 많은 잠금 장치를 발견할 수 있다. 보통 잠금 열쇠가 3~5개 정도이다. 이것도 모자라

아파트 1층 입구에 잠금 장치를 하고 이도 불안하여 각층마다 2~5가구씩 복도 문을 설치해 놓고 있으며, 요즈음 돈 있는 사람들은 철문을 설치하거나 아예 전자경보 보안망을 설치하여 경찰서와 직접 연결시켜 놓고도 불안에 떨고 있으니 러시아인이 겁이 많은 사람들인지 아니면 강도나 도둑이 많은지 도대체 이해가 안 될 것이다. 이는 아마 남을 잘 믿지 않는 러시아의 국민성도 문제지만 과거 권력에 너무 심하게 박해를 받다 보니 그들 스스로를 보호하고 방어하려는 작은 수단으로 보인다. 이를 처음 보는 사람은 이상할지 모르지만 러시아 사람들에는 일상화되어 있는 일이다.

셋째로 아파트 내 난방시설은 비교적 잘 되어 있다고 평가할 만하다. 서부 러시아의 대부분이 평지인 관계로 수력발전이 불가능한 입지조건에서 방대한 전력공급을 위해 생각해 낸 것이 원자력 발전소이다. 러시아의 모든 것이 전기에 의해 움직인다 해도 과언이 아닐 것이다. 열차, 전기버스, 전철, 난방 등 거의 모든 생활수단이 전기에 의해서 작동되고 있는 상황에서 하루라도 전기가 없으면 생활하지 못할 것이다. 따라서 난방시설도 전체도시에 중앙집중식 난방방식으로 원자력에 의해 공급되고 있다. 겨울이 길고 추운 관계로 24시간 따뜻한 물과 각 방마다 설치된 난방장치로 인하여 밖은 춥지만 방안에서는 따뜻하게 겨울을 지낼 수 있다.

2. 생존전략

금전 문제

환전 시에는 반드시 투숙하고 있는 호텔이나 공공은행, 공공환전소에서 돈을 바꾸는 게 좋다. 절대 길거리에서나 암달러상에게 바꾸지 말자. 털릴 위험성이 다분하다. 또한 한꺼번에 큰 금액을 바꾸지 말고 꼭 필요한 만큼만 환전하자. 돈이 많다고 주위에 알려지면 신변이 위태롭다.

러시아 입국할 때 비행기 내에서 작성한 세관신고서를 절대 잃어버리지 말고 잘 보관하여야 하며, 현금을 소지할 경우는 세관신고서에 반드시 기재하고 꼭 공항세관원의 확인 스탬프가 찍혔는지 확인하자. 이 세관신고서는 출국 시에 꼭 제출하여야 하며 입국 시 기재한 금액 이상의 돈은 가지고 나갈 수 없다.

현재 대다수 서구식 가게(슈퍼마켓, 외화상점 등)에서는 신용카드로 물건을 살 수 있다. 그러나 이때 반드시 영수증에 기재된 금액을 확인하고 영수증을 꼭 보관하여 나중에 카드 결재 시 근거로 삼아야 한다. 또한 레스토랑은 카드 사용 스티커가 붙어 있지만 식사 후에는 루블을 요구하는 경우가 다반사이므로 설사 달러가 있다손 치더라도 루블로 바꾸어 식사비를 계산하여야 한다. 1994년 1월 옐친대통령의 명령에 의해 모든 거래는 루블로 통용되고 있다.

안전 문제

소지한 현금은 한곳에 모두 보관하고 다니지 않도록 한다. 몇 군데 나누어 보관하여 다니는 것이 안전하다. 많은 금액을 남이 보지 않도록 하고 지갑 내 전체금액을 보지 않도록 한다. 특히 길거리에서 기념품이나 물건을 살 때 주의하자. 범죄자들이 얼마만큼의 돈을 가지고 있는지, 어디에 돈을 보관하고 있는지 옆에서 보고 있다. 쇼핑 시에는 핸드백이나 카메라는 꼭 손으로 잡고 있어야 한다.

외국인들에게 구걸하는 집시족들을 조심하여야 한다. 길 맞은 편에 집시들이 다가오는 것을 발견하면 귀중품을 꼭 잡아야 하며 집시들에게 시선을 주지 말고 똑바로 앞으로 걸어가야 한다. 만약 집시들에게 포위되었을 때는 소리쳐 주위 사람들에게 도움을 청해야 한다. 절대 집시들에게 동정심을 보이지 않도록 한다. 한 예로 모 인사가 집시들을 불쌍히 여겨 동전을 주려고 하다가 자신의 지갑, 시계 등 몽땅 털리고 후회하였다고 한다.

또한 길거리에서 물건 파는 10대, 혹은 도움을 요하는 불구자 등을 조심하자. 이들은 조직적으로 구성된 10대 집단으로 여행자들의 돈을 노리고 있다.

외국인으로 러시아를 관광 혹은 다른 목적으로 방문하였다면 구라파의 다른 여러 도시들보다 더 주의를 기울여야 한다. 그만큼 위험이 상존하고 있다. 러시아 여행 시 만약을 대비하여 항상 카드를 소지하여야 하며, 묵고 있는 호텔의 주소와 전화번호를 적어 길을 잃어버릴 경우 가까운 호텔이나 택시운전사들에게 도움을 요청하여야 한다.

건강 문제

수돗물을 절대 그냥 마시지 말자. 러시아 거주 대부분의 외국인들은 생수를 마시고 있으며 러시아인은 물을 끓여(차와 같이) 마시고 있다. 만약 호텔에 증수기 물이 준비되지 않았다면 생수를 사서 마시자. 여행 시에는 생수를 가지고 다니자. 전문가들에 의하면 러시아의 수돗물은 다량의 기생충 외에도 공업성의 중금속이 많이 함유되어 건강에 매우 위험하다고 한다. 장기 거주하는 유학생이나 상사원 혹은 주재원이라면 반드시 끓인 물을 사용하거나 정수기를 통한 물을 사용해야 하며 최소한 마시는 물은 생수를 사도록 하자. 특히 어린이가 있다면 더욱 조심해야 한다.

길거리의 키오스크(가판 상점)에서 술을 사지 않는 게 좋다. 비록 유명브랜드라도 대부분 가짜다.

장기 여행자나 세심한 건강상의 주의를 요하는 사람은 꼭 응급서비스를 행하는 병원주소나 전화번호를 적어 다니도록 하자.

길을 걸을 때

길을 걸을 때는 항상 정면을 주의하여 보아야 한다. 맨홀 뚜껑이 많아 빠질 수 있으므로 조심하자. 인도 중간에 있는 구덩이나 철근덩어리도 조심하여야 한다.

길을 건널 때 특별히 주위 사람들을 조심해야 한다. 가능하면 지하도를 이용하자. 그렇지 않을 경우 교통신호에 맞추어 움직여야 하며 파란불이 깜박거릴 때 횡단하지 않도록 하자. 만약 길 중간에 서게 될 경우 옆에 있는 러시아인의 행동에 따라 빨리 위기에서 벗어나자. 운전자들은 난폭하며 러시아 운전자들의 뇌리에는 차량 우선이라는 관념이 지배적이다. 또한 사거리에서 코너를 도는 차들도 조심해야 한다. 이는 대부분 나라와 다른 교통규칙으로 잘못된 규칙이라 할 수 있다.

쇼핑할 때

기념품을 구입할 때는 아무리 마음에 드는 물건이 있더라도 단번에 사지 말고 흥정을 하고 사자. 공식상점이 아닐 경우 10~20%, 길거리인 경우 30% 이상 에누리를 할 수 있다. 때로는 달러가 위력을 발휘하기도 한다.

기념품을 사기 전에 주위를 둘러보고 동종 물건의 질과 가격을 비교해보고 흥정을 시작하자.

길거리에서 러시아 성상이나 고가의 미술품구입은 삼가는 게 좋다. 러시아에서 떠날 때 공항이나 국경에서 이를 검색하며 발각되면 벌금이나 관세를 물어야 한다. 특히, 세관직원 들은 러시아 고대 성상에 엄격하며 공항 검사 시 쉽게 발각된다.

러시아 상점에서 물건을 구입할 때 가게 직원에게 바로 돈을 주고 살 수 없다. 마음에 드는 물건이 있으면 먼저 가격을 보고 난 뒤 주위를 둘러보라. 몇몇 사람들이 돈을 주고받는 곳(까사-кacca라고 함)이 있을 것이다. 여기에서 돈을 지불하고 그 영수증을 가게직원에게 제출하고 물건을 요구하면 된다. 잘 모르겠으면 주위 사람들이 어떻게 하는지 가만히 보라. 그러면 쉽게 리듬을 파악할 수 있다. 이런 가게에서는 흥정을 할 수 없다.

3. 3번 이상 부탁하자

　외국인으로 러시아에 머물면 여러 가지 애로사항을 종종 접하게 된다. 집 구하는 문제, 아이들 유치원 보내는 문제, 학생이라면 각종 학습자료 구하는 문제, 사업가라면 각종 상담문제, 주부라면 생필품 사는 문제, 하여튼 일상생활에서 각종 현안이 생길 때마다 곤욕스러울 때가 한두 가지가 아닐 것이다. 문제가 생길 때마다 좌우지간 되는 것도 안 되는 것도 아닌 애매한 대답을 종종 듣게 될 것이다. 빨리 빨리에 익숙해진 우리로서는 참으로 난감하지 않을 수 없는 일이다.

　우리가 아무리 급하다고 간청하지만 쉽게 마음의 문을 열지 않은 러시아인에게서 만족할 만한 답을 얻기 어려울 것이다. 또한 행동이 그에 따르지 않을 뿐만 아니라 현 사회 시스템도 그렇게 빨리 사람을 움직이게끔 하지 않게 하고 있다. 근 70년 동안 관료주의 체제에 익숙해진 러시아인들의 사고형태와 사회구조가 비록 개방 후 조금씩 변화하고 있다고 하지만 아직까지도 일반인들의 생활 속에 깊숙이 살아 숨 쉬고 있다고 해도 과언이 아닐 것이다.

그러나 이때 무조건 포기할 것이 아니라 다시 한 번 도전해보고, 다시 한 번 부탁해보라고 말하고 싶다.

필자가 러시아에 처음 가서 아직 어학이 부족한 때의 일이다. 두 딸을 유치원에 보내기 위해 집 가까운 곳에 좀 괜찮은 유치원이 있어 가보았다. 몇 번 만에 결국 유치원 원장을 만나 두 딸을 당신네 유치원에 보내고자 한다고 사정하였으나 현재 정원이 초과하여 러시아 어린이도 오지 못하고 있다며 일언지하에 거절하였다. 할 수 없이 풀이 죽어 돌아와서 나의 딱한 사정을 집주인에게 이야기하니 당연하다는 듯이 웃었다. 그리고 그는 조용히 말하였다. 러시아에서 한 번 만에 무엇을 결정 보려고 작정하면 큰 오산이며, 아무것도 할 수 없을 것이라고 충고하였다. 그리고 꼭 3번 이상 자신의 딱한 사정을 말하여 상대방으로 하여금 동정심을 유도하라고 러시아인의 생활특성을 한 수 가르쳐 주었다. 이에 힘입어 그 후 몇 번 원장을 찾아가 부탁한 결과 유치원 입학 허락을 받았다. 물론 정원이 초과된 반은 그때까지 없었다.

한 번은 이런 일도 있었다. 지인을 통해 소개받아 괜찮은 화가를 알게 되었다. 베체슬라브 리트비노프라고 하는 이 화가는 러시아 화단에서 제법 알려진 인물로 50대 후반의 하얀 머리카락의 신사

화가 베체슬라브 리트비노프, 초상화 그리는 모습

였다. 자주 이 집을 방문하게 되면서 그의 화풍에 매료되어 우리 가족의 초상화를 부탁하였다. 물론 그림에 대한 대가로 적지 않은 금액을 약속하였다. 그 후 우리 가족은 기쁜 마음으로 모델의 어려움도 참고 몇 날 며칠 몇 시간이나 화판 앞에 앉아 있었다. 그러던 어느 날 이 마음씨 고운 화가는 안면 깔고 그림 값을 두 배로 요구하였다. 난감하여 한 번 약속했으면 지켜야지 왜 그러느냐고 하니 그는 조용히 러시아의 인플레이션을 설명하였다. 할 수 없이 그림 그리는 것을 중단할 수밖에 없었다. 이후 오랜 기간 동안 상호간에 방문도 하지 않고, 전화도 없이 신경전을 벌였다. 그 후 몇 달이 지나 술 한잔하자고 내가 먼저 전화하였다. 한순 배 두순 배 지나면서 두 사람 모두 얼큰해 취기가 올랐다. 나는 그에게 은근히 나의 재정적 어려움을 토로하였다. 학생이 무슨 돈이 있느냐고…. 그리고 당신이 원래 금액 이상을 요구하면 내 재정 형편상 그림을 찾을 수 없다고 불쌍하게 말했다. 나의 말을 한참 듣고 나더니 옛날 같으면 공짜로 그림을 선물할 수도 있지만 지금은 자신도 매우 어려운 처지이므로 처음 약속한 금액으로 그림을 계속 그리자고 하였다. 이리하여 멋진 그림을 소유할 수 있었다.

좀 과장된 이야기인지는 몰라도 러시아에서는 성급함은 금물이다. 천천히 생각해가면서 시간을 가지고 문제를 해결하는 태도가 중요하다. 한번 부딪쳐 보고 안 되면 또 한 번 고민한 후 다시 부딪혀야 한다. 슬라브인들의 인내심에 한계가 올 때까지 한국인의 매운 고추 맛을 보여 주어야 한다. 길고 어두운 러시아의 겨울과도 같은 이들의 내면세계에 과감히 침입하여 따뜻한 온정을 불어넣을 때 비로소 자신이 원하는 목적을 달성할 수 있을 것이다.

4. 정에 약한 러시아인

작은 호수를 둘러싼 자작나무 숲속에서 한여름의 오후를 즐기는 루스끼들, 아무런 근심 없이 대자연에 묻혀 사는 이들의 마음은 유난히도 선하며 정에 이끌려 사는 사람들이다. 광활한 자연이 준 하나의 선물이라 할 수 있다. 역사적으로 모여 살기를 원했던 루스끼의 바람이 옵시나(Община: 공동체)라는 사회공동체의 모체가 되었으며 이는 후에 사회주의 혁명 시 집단농장의 바탕이 되기도 하였다. 이러한 공동체의식이 곧 러시아인의 사회관념과 생활패턴의 저변에서 커다란 역할을 하고 있다는 것을 누구도 부인하기 힘들 것이다.

공동체 생활에서 표출되는 인성의 특징들을 러시아인의 행위에서 종종 볼 수 있다. 예를 들면 택시를 잡을 경우이다. 택시의 수가 절대적으로 부족한 탓으로 일반 자가용들이 영업전선에 뛰어도 아무런 규제가 없다. 따라서 길거리에서 손을 들면 지나가는 차들이 서게 된다. 이런 일반 자가용을 이용할 경우 요금지불에서 흔히 이들은 손님이 주는 대로 받는다. 즉 사정에 맞게 여유가 있으면 좀 많이 지불하고 여유가 없으면 없는 대로 지불하자는 뜻이다. 결코 적은 금액이라고 불평하지 않는다. 이런 경우 낯선 외국인들은 당황하게 된다. 얼마를 지불하여야 적당한지도 잘 모르니까. 만약 이와 같은 상황에 당신이 직면하였다면 러시아식으로 형편에 맞게 지불하면 정답이 될 것이다. 물론 개방 이후 약삭빠른 사람들은 차를 태워주기 전에 요금흥정을 먼저 하는 비 루스끼적인 사람도 많다.

사회주의 혁명 후 오늘에 이르기까지 종교가 오랫동안 금기시 되었지만 러시아인의 마음속에는 항상 종교적 자비심이 숨어 있었으며 종교적 인정이 이들을 선하게 만들고 있다고 그들 스스로가 그렇게 믿고 있다. 우리는 종종 러시아를 방문하는 관광객들이나 여타의 사람들에게 길거리에 있는 거지들에게 돈을 절대 주지 말라고 당부한다. 이는 각자의 안전을 위한 일종의 방편이라고 생각된다. 그래서 그런지 러시아의 거지들은 외국인들을 별로 선호하지 않는다. 오히려 러시아인이 길거리의 많은 배고픈 친구들에게 베풀기를 꺼리지 않는다. 불쌍한 할머니가 구걸을 요구하면 돈이 없으면 자신의 점심용 빵을 주기도 하며 길거리에 쓰러진 사람을 못 본체 그냥 지나치지 않고 꼭 도움을 주고자 한다. 비록 자신이 바쁘더라도….

이런 경우도 있다. 한번은 버스정거장에서 사과를 살 때였다. 사과 값을 잘 흥정하여 돈을 지불하고 사과를 담으려고 하는데 봉지가 없었다. 사과를 파는 사람도 여분의 봉지가 없었으며 필자도 주머니가 마땅히 없었다. 안절부절 못하는 동양의 젊은이를 보고 있던 주위의 사람들이 서로 자기의 비닐주머니를 내놓았다. 누구의 것을 받아야 할지 모르고 머쓱해 하는 필자에게 한 아주머니가 자기는 다른 비닐주머니가 있으니 사용하라는 것이다. 스파시바(Спасиба: 감사합니다)를 연발하고 사과를 넣고 난 뒤 둘러보니 마음씨 고운 아주머니는 어느새 버스를 타고 떠나버렸다.

러시아에서 이따금 러시아인의 푸근한 인정을 맛보곤 한다. 아무런 대가를 바라지 않고 베푸는 이들의 온정이 비록 열악한 러시아의 생활환경에서 고전을 하고 있지만 순식간에 이들 고통스러운 것을 다 잊어버릴 만큼 강렬하다고 할 수 있다.

5. 이범진 공사의 흔적

　다음 내용은 러시아의 사회주의 혁명이 일어나기 전 러시아 마지막 황제 니콜라이 2세가 집권하던 재정러시아 시대 수도인 빼째르부르그(래닌그라드)시에서 발행된 <빼째르부르그> 신문 1911년 1월 24일자 기사이다. 이 기사는 한일합방 후 나라 잃은 이범진 공사의 슬픈 죽음과 장례식에 대한 신문기사로 최초로 국내에 공개되는 내용일 것이다.

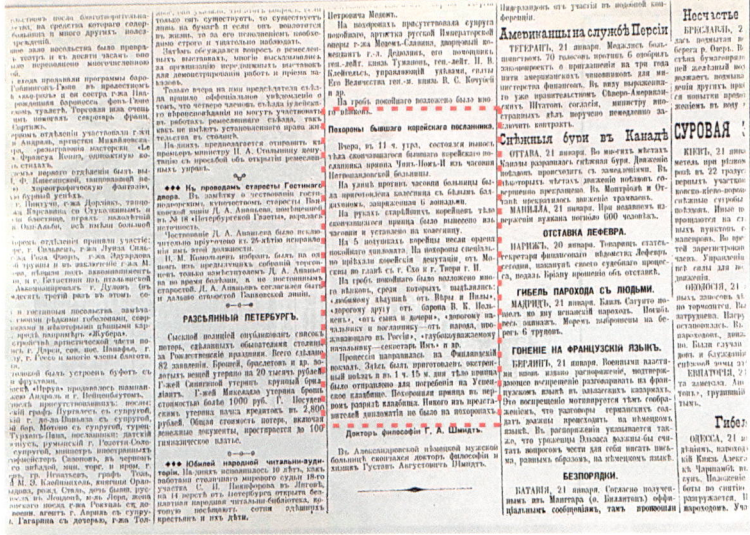

빼째르부르그대학 도서관에 보관된 1911.1.24.자 빼째르부르그 신문 기사

기사제목 : "전(前) 조선공사의 장례식"

「어제 오전 11시 뻬뜨로빠블롭스끼병원 예배당에서 前 조선공사 이범진 공사(Чинъ-Помъ-И)의 이승에서 마지막 장례식이 거행되었다. 병원예배당 맞은편 도로에는 여섯 마리 말이 이끄는 백색 천을 덮은 영구마차가 대기하고 있다. 몇 명 안 되는 늙은 조선인들이 사자(死者)의 관을 들고 예배당에서 영구마차로 옮겨 실었다. 다섯 개의 베개 위에 작고한 외교관의 훈장을 올려놓았다.

장례식을 위해 모스크바에서 서(Схо) 선생과 뜨비리(모스크바 서북쪽 도시)에서 이(И) 선생을 대표로 일련의 대표단이 특별이 조문하였다. 고인의 관 위에는 많은 화환이 바쳐졌다. 그 중에는 몇 개의 화환이 분리되어 놓여 있었다.

〈사랑하는 할아버지께, 배라(Вера)와 닐라(нила)로부터〉
〈친애하는 친구에게, 놀깬(В. Л. Нолкенъ)으로부터〉
〈딸과 아들로부터〉
〈존경하는 공사님께, 재러 거류민단으로부터〉
〈충심으로 존경하는 상관에게, 서기관 임(Имъ)으로부터〉

장례식 행렬은 빼째르부르그시 왜곡에 위치한 핀란드 역까지 이어졌다. 이 역에는 특별열차가 준비되어 있었으며 우스펜스끼(Успенски

> ii) 공동묘지로 이관하기 위해 오후 1시 15분에 열차가 출발하였다. 이범진 공사는 제1급 묘지에 안장되었다. 불행히도 이날 장례식에 러시아주재 외교대표들은 한 사람도 참석하지 않았다.」

당시 기자가 쓴 기사로 우리는 이 장례식이 이국땅에서 홀로 쓸쓸히 생을 마감하신 이범진 주러 공사의 최후의 순간이 어떠하였는지 충분히 짐작할 수 있다.

필자는 이 신문기사를 어렵게 찾아냈다. 1994년 러시아 빼째르부르그 대학에서 어학연수 중일 때이다. 빼째르부르그 대학도서관에서 며칠 동안 당시 발행된 러시아신문을 샅샅이 뒤진 끝에 이 기사를 찾는 순간 심장이 멈추는 같은 흥분을 느꼈다. 역사에 의하면 빼째르부르그대학 도서관은 두 번이나 시련을 겪었다고 한다. 한번은 1917년 10월 혁명 때 폭도들이 불을 질러 많은 사료들이 불에 탔다고 한다. 그 흔적은 기사를 찾으려고 여러 신문을 뒤질 때 직접 보았다. 신문의 절반 혹은 3분이 1이 불에 탄 그대로 신문보관 시렁에 놓여 있었다. 또 한 번은 2차대전 당시 독일군의 폭격이었다. 수많은 신문, 잡지, 논문들을 지하로 이관시켰다고 한다. 옮기는 과정에서 일부 사료는 유실되었다고 한다. 아무튼 아직까지도 이 도서관은 러시아에서 과거의 역사적

빼째르부르그대학 도서관에 보관된 경성우편국 사진

자료를 잘 보관한 도서관으로 정평이 나 있다.

    흥분한 순간도 잠깐 복사를 하려고 도서관 담당자에게 복사 요청을 하니 오래된 신문이라 복사를 해줄 수 없다고 한다. 상당히 중요한 자료라 사진촬영이라도 할 수 있게 해달라고 간절하게 부탁하여도 그것도 안 된다고 한다. 할 수 없이 이날은 물러날 수밖에 없었다. 다음날 또 찾아갔다. 꽤 비싼 화장품을 예쁘게 포장하여 주머니 깊숙이 넣고 보무도 당당하게 도서관으로 달려갔다. 점심시간 다 되어 사람들이 이동할 때 어제 말씨름을 한

중년의 아줌마 사서에게 주머니에 몰래 선물을 넣어주고 학업에 꼭 필요한 자료이니 복사를 부탁한다고 하였다. 아주머니는 한참 쳐다보더니 3일정도 후에 오라고 하였다. 이렇게 귀중한 이범진 공사의 사망관련 신문기사를 어렵게 복사하였다.

아래 내용은 이범진 공사의 사망과 관련한 1911년 1월 14일자 빼째르부르그시에서 발행된 <브세옵샤야 가제따> 신문에 게재된 내용이다.

빼재르부르그대학 도서관에 보관된 1911.1.14자 브세옵샤야 신문기사(3면)

5장 러시아 현장체험 181

기사제목 : "조선 공작의 수수께끼 같은 자살"

「어제 저녁 아주 이상한 상황 하에서 발생한 前 조선공사 이범진의 자살에 대해 도시 전체에 소문이 퍼졌다.

한일합방(1910년) 이후 빼째르부르그 주재 조선공사관은 폐쇄되었으며 전 조선공사 이범진 공작은 빼째르부르그시 외곽지역에 위치한 노바야 재래브냐(новая деревня)로 이사하여 평범한 사람처럼 한 시골 다차(별장)에 살았다. 극동으로부터 들려오는 사건들은 그를 매우 슬프게 하였으며, 그리고 그는 적응하기 어렵게, 단지 그의 곁에는 몸종 하나와 같이 삶을 살아가고 있었다.

어제 이 몸종이 지역 경찰서에 헐레벌떡 뛰어와 '자신의 일을 위해 문을 잠그고 은거하고 있던 공작의 방에서 3발의 총소리가 울려 퍼졌다'고 신고하였다.

공작의 아파트로 달려온 경찰은 증인들 입회 하에서 공작의 방문을 부수고 끔찍한 광경을 공개하였다. 공작은 방 중간에 전기줄 끝에 목매어 있었으며 바닥에는 리발바 권총이 뒹굴고 있었다. 불려온 지역 의사는 사망의 원인을 질식사로 판정하였다. 검사결과 자살 전에 몸에는 총탄이 발사되지 않았으며 3발 모두 벽에 발사되었다. 책상 위에는 전 조선황제, 연해주에 살고 있는 공작의 형, 그리고 외무성 앞으로 영어로 쓰여진 3통의 전보가 놓여있었다. 또 공작이 경찰서장에게 "조국의 불명예가

회복되지 않은 상황에서 전적으로 자신의 의지로 생을 마감했다"는 것을 알리는 러시아어로 쓴 편지도 있었다. 공작이 러시아어로, 영어로 쓰지 않았다는 가정에서 그리고 벽에 발사된 납득하기 어려운 사격으로 경찰은 공작의 방을 수색하기로 결심했다. 검사결과 소파가운데 숨겨진 상자에서 2,500루불짜리 장의사의 영수증을 발견하였다. 이 영수증에 의하면 장의사는 모든 장례업무 및 연해주로 시신운구를 책임지게 돼 있었다. 장의사는 그에게 젊은이가 찾아와서 짧은 시간동안 장례를 의논하고 돈을 가지고 왔다고 발표했다.

이는 따로 살고 있는 아들(필자 주: 둘째 아들 이위종)이 이 자살에 대해 정말로 알고 있었다는 것이다.

영수증에 관하여 아들에게 통지하였을 때 그는 처음으로 이 사실을 알았으며 장의사에게 어떠한 주문도 하지 않았다고 하였다. 장의사가 사자의 아들을 보았다는 것은 사자를 장의사로 찾아온 젊은이로 잘못 인식한 것이었다. 그러나 이 모든 정황도 이범진이 삶을 청산한 마당에 상황을 해명하는데 아무런 도움을 주지 않는다.

조선공작 이범진의 자살에 대하여 재상 스톨리핀(Н. А. Столыпин) 빼째르부로그 외무성 도시부장관 벤도르프(О. И. Вендорф)에게 통보하였으며 마지막으로 그날 3시경에 외무성 장관 사조노비치(Сазонович)에게 알려졌다. 그리고 그날 4시경 공작의 방으로 일본 영사관 1등 서기관 1명이 도착했다. 그는 고인의 캐비넷과 모든 서류를 가지고 갔다.」

이 얼마나 가슴 찌어지고 분통 터지는 기사내용인가?

이범진 공사의 죽음은 당시 외교도시인 빼쩨르부르그에서 한일합방에 대한 부당성을 전 세계에 알리려고 한 목적이 다분하다. 그러나 당시 노·일 전쟁 후 일본의 입김에 의해 아주 조용한 자살사건으로 처리되었으며 기사내용에서도 은연히 이 사실을 나타내고 있다. 사망당일 3시에 외무성 장관에게 통보되고 4시에 일본영사관원이 와서 사자의 케비넷과 모든 서류를 가지고 갔다는 것은 이를 나타내는 것이 아닌가.

역사 속에 묻힌 이범진 공사의 애국적인 죽음은 당시 일제에 항거한 이준 열사, 이상설 열사 등에 버금가는 사건이다. 우리 후손들은 이범진 공사의 거룩한 뜻을 지금이라도 다시 평가하여야 할 것이다.

이범진 공사가 마지막으로 거주한 곳, '노바야 재래브냐'는 당시 빼쩨르부르그시 외곽지역이었으나 지금은 제법 번화한 도시중심으로 변화되어 있다.

'노바야 재래브냐' 지역은 실개천이 흐르는 조용한 곳이었다.

필자는 1994년 빼쩨르부르그 연수기간 중 공사의 아파트를 찾기 위해 '노바야 재래브냐' 지역 '자레치나야'가(街)를 몇 번 방문하였으나 혁명 후 도시정리 작업으로 흔적은 하나도 찾을 수 없었으며 그 당시에는 반듯한 거리에 5층짜리 아파트들이 가지런히 서 있었다. 아파트 주변 벤치에 앉아있는 노인 몇 명에게 과거 이곳의 주변상황을 물어보았으나 기억하는 사람이 아무도 없었다.

공사의 흔적은 빼째르부르그시 곳곳에 있다. 우스펜스끼 묘지에 안장되었다는 공사의 묘, 공사의 장례식을 치른 뻬트로 빠블롭스끼 병원, 마지막으로 거주하면서 자살한 다차(별장)… 이는 기억해야할 역사적인 곳으로 나라 사랑 차원에서 민간인이나 정부가 힘을 모아 공사의 흔적을 찾아 그 뜻을 기리는 것이 공사에 대한 명예회복이라 생각한다.

6. 고려인의 서러움

중국에 거주하는 우리 동포들을 일컬어 조선족이라 부르는 반면 구소련 지역 거주하는 우리 동포들을 우리는 흔히 '고려인'이라 칭한다. 러시아에서는 이들을 '까레이스끼(кореиский)'라 부른다.

현재 구소련 지역에 거주하고 있는 우리 동포들은 대략 50만 명에 이른다. 이들 중 카자흐스탄에 약 10만 명, 우즈벡키스탄에 약 15만 명이 거주하고 있으며 이들이 러시아에 거주하게 된 동기는 크게 두 가지로 나누어진다.

하나는 조선후기 즉, 구한말 국내정치 혼란 및 경제생활 악화로 자연스럽게 개척의 땅인 만주로 이동하면서 지금의 연해주 일원에 거주하였다. 이들은 대부분 농민들이었다. 만주지역, 연해주 지역에는 당시 밭농사만 하였으나 우리 동포들이 이주하여 처음으로 논농사를 시작하게 되었다고 한다. 지금도 연해주의 우수리스크, 아르쫌, 빨찌잔스크 등지에서는 당시 우리 동포들이 농사를 지으면서 살았던 집터를 드물게 발견할 수 있다.

또 하나는 1910년 일본의 한일합방으로 인한 일제의 한반도 침략 이후 정치적 탄압에 대한 피난처로, 독립운동의 근거지로 많은 지식인들과 나라를 사랑하는 선각자들이 이주하였다.

특히 이들 중 카자흐스탄, 우즈벡키스탄, 키르키즈스탄, 타지키스탄 등 중앙아시아 지역에 거주하는 고려인들은 남다른 애환이 있다. 즉 1937년 러시아의 독재자 스탈린의 소수민족 이주 정책에 따라 연해주 지역에서 강제로 카자흐스탄의 우스토베, 크즐오르다 등 지역으로 이주되어 인종적 차별뿐만 아니라 혹독한 조건 하에서 삶을 살아왔다. 이들은 거의 황무지나 다름없는 지금의 알마티 인근지역에 이주되어 자력으로 중앙아에서 생존하며 삶의 터전을 이루어내었으며 척박한 중앙아의 토지 위에 농사를 지으며 살았으며 특히 벼농사를 성공시킨 성과를 거두었다.

필자가 2013년부터 2015년에 카자흐스탄 아스타나에서 근무할 때 놀라운 사실을 알게 되었다. 1990년 구소련이 붕괴되고 기존 15개 위성공화국들이 독립을 하게 되자 카자흐스탄, 우즈벡키스탄 등 중앙아 5개국도 독립하였다. 이들 국가들이 독립 되자 당시 정치인들은 자신들의 역사에 대한 뿌리를 찾는 작업부터 하기 시작하였다. 즉 언어와 역사, 민족에 대한 자존심 회복 작업을 하였다. 이 과정에서 자연히 이민족으로 살고 있던 고려인들에게

우즈베키스탄 사마르칸트 시장에서 김치 파는 고려인 할머니

도 피해가 오게 되었다. 다시 말하면 자신들이 독립을 하였으므로 남의 땅에 살고 있는 고려인들에게 고향으로 돌아가라고 하였다. 그리하여 많은 중앙아의 고려인들은 집과 땅, 삶의 터전을 버리고 연해주로 이주하였다. 대한민국 정부에 자신들을 받아줄 것을 수없이 요청하였지만 한국정부로부터 국가 재정이 부족하여 어렵다며 먼 훗날 한국이 잘 살 때까지 기다려 달라는 말 이외에 긍정적인 답변을 받지 못했다. 그리하여 그 당시 중앙아의 고려인들은 한국으로 돌아오지 못하게 되자 일부 고려인들은 1990년대 초중반부터 러시아 정부의 묵인 하에 80년 전 자신들의 할아버지, 아버지들이 살았던 연해주로 다시 돌아오는 운명을 맞이하였다.

반면 연해주로 돌아오지 않고 카자흐스탄에서 카자흐인들과 좋은 인간관계를 형성하면서 오늘날 카자흐 사회에서 성공한 고려인들도 많다.

필자가 만나 많은 대화를 나누었던 분들 중에도 카자흐스탄 상원 김 로만 의원, 김 게오르기 의원, 이 베체슬라브 아스타나기술대학총장, 김 유리 아스타나 공항관리소장, 최 블라디슬라브 카자흐 국영방송국 앵커, 박 로라 아스타나TV 기자, 박 로자 아스타나 고려인협회 부회장, 김 엘리자베스 등을 비롯하여 정계뿐만 아니라 재계, 학계, 문화계 등 사회의 다양한 분야에서 중심적 역할을 하는 성공한 고려인들이 많이 있으며 그들은 카자흐인들과 함께 카자흐인의 입장에서 더불어 사는 삶을 살아가고 있으며 모국 대한민국과 카자흐 간 끈끈한 관계를 이어주는 큰 다리의 역할을 하고 있다.

또한 때로는 카자흐스탄을 오가면서, 때로는 현지에 근무하면서 카자흐인 및 고려인들과 함께 민간 외교관 역할을 하는 분들도 많다. 존경하는 유철준 우림건설 부회장님, 불모지에서 한국인의 아파트 문화를 보급한 고재일 회장님, 고동현 사장님, 늘 마음 넉넉하고 인정이 많은 강정대 사장님, 김인 법인장님, 김용주

사장님, 카스피해 해상광구 유전개발에 한국인의 열정을 보여주신 석유공사 이미찬 지사장님, 아티라우에서 별로 사업상 재미도 못보고 고생만 하시다가 귀국하신 목진광 사장님, 노화승 사장님, 골프를 좋아하며 호탕한 남아의 기백을 가진 신석우 석유공사 법인장님, 늘 호탕하고 거침없으신 오장수 사장님, 발하쉬 호수가에 화력발전소를 세우려다 아쉽게 끝을 보지 못한 삼성물산의 김양배 전무님, 정진홍 전무님, 김석원 상무님, 카자흐에 대한 무한한 열정을 가진 전영순 사장님, 한결같은 마음을 가진 하나은행 정지호 지사장님, 사랑하는 아우 손원도 사장님, 정충환 사장님, 윤현숙 잇츠스킨 사장님, 김상욱 전 한인일보 사장님, 윤종관 카자흐뉴스 사장님, 김종인 전 광물공사 지사장님, 이영학 아시아나항공 전 지사장님 등 모두 모두 멋지고 열정을 가진 분들이며 다양한 분야에서 고려인들의 애환을 듣고 이해하며 노력하신 분들이다.

  이 외 항상 인간적인 존경심을 보여주신 백주현 전 주 카자흐스탄 대사님, 이병훈 참사관님, 부인이 아름다우신 정우진 참사관님, 아름다운 마음씨를 가진 김상범 서기관님, 김태찬 서기관님, 조승희 행정관님, 예쁜 지유진 전문관님, 독일 베르린에서 예쁜 부인과 함께 신혼을 보내고 있는 성기주 서기관님 등 대사관 식구들도 말없이 고려인들의 삶 향상과 한-카 양국 관계 발전을 위해 고군분투하였다.

　위의 사실에서 놀라운, 아이러니컬한 사실을 눈치 챈 독자도 있으리라고 생각한다. 그야말로 나라가 힘들고 어려운 시기에 강제로 중앙아로 이주되어 80년이 지난 지금 척박한 중앙아 땅에서 견디어 낸 우리의 후손들이 자랑스럽게 현지에 적응하여 한민족의 긍지와 자존심을 보여주고 있기 때문이다. 한때 일본은 동북아·동남아를 지배한 적이 있으나 그들의 중앙아지역 내 인적 네트워크는 그야말로 왜소화 되어 있으며 심지어 필자가 2014년 아스타나에 체류할 때 미쓰이 등 회사에서 파견된 일본인 기업인들은 고작 10명 정도가 전부였다. 그리하여 아스타나에 거주하는 일본 기업인들뿐만 아니라 일본 외교관들도 주재국 정세 변화 등에 대해 한국 사람들에게 물어보는 것이 다반사였다. 왜냐하면 아스타나에는 한국인들이 약 400명 정도 거주하고, 고려인들이 약 5,000명 거주하며 주재국 정관계, 기업, 문화계 등에서 활동하면서 한국인들과 교류하며 서로 정보를 교환하기 때문에 일본인들에 비해 한국 사람들이 월등한 주재국 정보를 가지고 있다. 이 얼마나 아이러니컬한 역사의 한 현장인가? 한일합방 후 일본의 탄압을 피해 연해주로 이동하여 살다가 1937년 스탈린에 의해 강제로 중앙아로 이주된 고려인들이 성장하여 지금 카자흐 사회에 주된 역할을 하고 있으니 말이다.

7. 극동의 진주 블라디보스톡의 추억

　극동의 진주!, 서울에서 비행기로 두 시간 남짓 걸리는 러시아 극동지역 연해주의 중심도시는 블라디보스톡이다. 블라디보스톡을 러시아어로 해석하면 '동쪽(방)을 점령하자'라는 뜻이다. 원래 중국의 영토였으나 1860년 중·러 간 북경조약 체결 시 러시아가 청 왕조를 협박하여 강제로 러시아 영토로 편입하였다. 중국은 블라디보스톡을 '해삼위(海蔘威)'라고 불렀다. 바닷가에서 해삼이 많이 자란다고 하여 불린 이름이다. 실제로 블라디보스톡, 아르쫌, 슬라뱐카, 자루비노, 포시에트 바닷가에는 해삼이 많이 자라고 있으며 이 지역을 방문하는 관광객들도 바닷가에서 쉽게 해삼을 볼 수 있다.

　이 외 연해주의 도시 중 우수리스크, 아르쫌, 빨찌잔스크, 핫산, 나호드카 등의 지역이 우리 한국 사람들에게 그 이름이 제법 익숙한 지역이다. 블라디보스톡을 포함하여 바로 이들 지역이 1910년 한일합방 이후 독립운동가들이 주로 활동한 지역이며 지금도 고려인들이 가장 많이 모여 사는 곳이다. 블라디보스톡의 거리 이름 중 한국거리(울리짜 카레이스까야)가 있다. 한국거리는 1937년 스탈린에 의해 고려인들이 중앙아시아로 강제 이주되기 전까지 한국인들이 가장 많이 모여 산 지역으로 바닷가를 끼고 있는 산 중턱에 위치해 있다. 지금은 사람이 거의 살지 않아 찾아가기 힘든 거리이지만 블라디보스톡을 방문하는 한국인들에게 필수적으로 안내하는 관광 코스이다.

블라디보스톡은 러시아 극동의 중심 항구도시이며 시베리아 횡단철도(TSR)의 출발점이자 종착지이다. 블라디보스톡에서 모스크바까지는 철도로 9,288km이다. 블라디보스톡에서 모스크바까지 이 시베리아 횡단열차를 타고 가보면 광활한 시베리아 벌판을 생생하게 볼 수 있을 것이며 러시아 자연의 아름다움도 느낄 수 있을 것이다. 혼자서는 웬만한 인내를 가진 사람이 아니고서는 견디어 내기 어려운 루트이다. 만약 사랑하는 사람이 생겼다면 그 사랑의 강도를 증명해 볼 수 있는 좋은 여행 코스가 될 것이라 믿어 의심치 않는다. 또한 언젠가는 한국의 선진 고속철도 기술로 시베리아 횡단열차를 고속철도로 다시 건설하여 1~2일 만에 모스크바까지 도착할 수 있는 그날을 기대해 본다.

블라디보스톡역(9,288Km 지점 표시탑)

블라디보스톡에서 가장 아름다운 곳은 금각 (golden horn)만 연안이다. 금각만은 길이 7km에 폭 2km, 깊이 20~27m이다. 블라디보스톡은 금각만을 둘러싸고 서서히 발달하였다. 1859년 터어키 이스탐불의 금각만과 비슷한 지형이라서 니콜라이 무라비요프 아무르스키 백작

블라디보스톡역에 전시된 대륙횡단 열차 (1941~1945년)

이 지금의 이름을 부여했다고 한다. 금각만은 사슴의 뿔을 닮았다고 하여 지어진 이름이다. 루스끼섬과 마주하며 만으로 이루어져 있고 겨울에도 얼음이 얼지 않아 러시아 극동함대 기지가 바로 금각만 안쪽에 위치하고 있다. 러시아는 1990년 공산주의 경제체

제에서 시장경제 체제로 개방하였지만 블라디보스톡은 러시아 극동함대 기지가 금각만에 위치하고 있어서 1992년까지 외국인들에게 개방하지 않았다.

블라디보스톡 시내와 루스끼섬을 이어주는 금각만의 루스끼 대교

블라디보스톡에는 한국인들이 약 4~500명 정도 거주하고 있다. 대한민국총영사관, 코트라, 한국교육원, 관광공사 등 공공기관이 파견되어 있고 삼성, LG, 현대중공업(현대호텔) 등 우리 기업의 지사와 대순진리교에서 투자한 아그로쌍생, 유니베라 등 농업기업도 진출해 있으며 이외 한국교회의 목사님과 선교사님 등 다양한 분야에서 한국인들이 활동 중이다. 전대완 전 총영사님, 김무영 전 총영사님, 의리의 사나이 남기택 영사님, 평생 아우인 김기대 영사님, 자상한 형님 정병렬 영사님, 의로운 지팡이 김녹범 영사님, 목재수출업을 하고 있는 의형제 아우 김경재 사장님, 다른 의형제 아우 김병수 현대중공업 상무님, 현대호텔 총지배인이었던 남 상무님, KT 지사장을 역임한 김연택 형님, 힘든 일을 많이 겪은 요구르트 지사장이었던 정원영 님, 마음 씀씀이 넉넉하신 한국교육원장을 지낸 이우용 님, 성격이 시원시원하신 농어촌공사 정규상 지사장님, 명함을 네 번이나 주고 저녁 대접받고 겨우 이름을 기억하였으며 작은 일에도 큰 기쁨을 표현하는 정유영 사장님, 동춘항운 백성호 사장님, 아그로 상쌩 김두태 교감님, 관광공사 이재형 아우님, 우수리의 도미니크 신부님, 고합그룹 지사장 유영대님, 크레믈린을 연상케 하는 김호 사장님, 언제나 즐겁고 열정이 가득한 구원모 사장님, 발해역사 테마 여행사를 잘 운영하고 있는 박유은 사장님, 그리고 영사관 식구들 박형종 행정관님. 박진효 행정관님, 세르게이 체퓨소프님, 바이칼의 물귀신 박근우 사장님, 박 발렌틴 회장님, 전광근 아르쫌시 국제담당 부시장님, 너그러운 마음씨를 소유한 그리운 김 미샤 사장님과 그의 동생 김 니콜라이 사장님, 정 알렉산드르 회장님, 존경하는 박정원 사장님 등 여러분들이 기억난다. 모두들 아름다운 마음씨를 가지고 꿈과 사랑을 나누어 준 멋진 분들이다. 대개 어떤 지역이 아름답게 느끼게 될 경우에는 거기에서 같이 살았던 사람들이 생각나며 동고동락했던 사람들이 아름다우면 그 지역도 아름다운 기억으로 남게 된다. 그런 측면에서 나에게는 블라디보스톡에서 맺은 인간관계는 내 인생의 소중한 인연이며 늘 사랑하는 마음을 함께하는 인연이다.

블라디보스톡은 필자의 젊은 날의 사랑이 깃든 곳이다. 그 사랑 속에 참다운 인생의 추억과 경험이 스며들어 있다.

필자가 1996년 처음 블라디보스톡을 방문할 당시에는 길가에 차를 잠시 주차해 둘 경우 눈 깜짝할 사이에 사이드미러를 훔쳐갈 정도로 절도가 많고 살기가 어려웠던 시절이었다. 이후 2005년에서 2007년까지 블라디보스톡에서 근무한 이후 10년 만인 2017년 8월에 블라디보스톡을 다시 방문하였다. 20년이란 기간 동안 블라디보스톡은 그야말로 상전벽해의 수준으로 변화되었다. 새롭게 만들어진 블라디보스톡 공항, 공항에서 블라디보스톡으로 가는 확장되고 잘 포장된 진입도로, 루스끼섬에 새워진 극동연방대학 및 수족관과 아름다움의 극치로 평가받는 루스끼 대교, 금각만에 떠 있는 크고 작은 요트들은 참으로 아름다웠다. 날로 발전하는 블라디보스톡과 여유로움이 느껴지는 러시아 시민들의 미래가 기대된다.

- 끝 -